KB135822

서울에서 만나는 한중연
在首尔遇见中韩缘

한중연(緣)사 IV

서울에서 만나는 한중연
在首尔遇见中韩缘

김민규 金玟圭 · 취환 曲欢

緣

폴리테이아

서문

•

취환

언젠가 맺어질 사람들은, 보이지는 않지만 '붉은 실'로 이어져 있다는 이야기가 있다. 한국에도 있고 중국에도 있고 심지어는 일본에도 비슷한 이야기가 있다고 한다. 그래서인지 모르겠지만 한자 '인연'(因緣)의 '연'(緣)에는 실과 관련 있는 '사'(絲) 자가 들어가 있다. '한국 딸의 엄마로 중국 엄마의 딸'로 한국에서 살아 온 지 어언 30년이 되어 가고 있다. 하루하루를 살면서 나는 늘 유라시아 대륙의 끝자락에 있는 한국이라는 이 나라와, 대륙에서 태어난 나를 운명처럼 이렇게 강하게 맺어 주고 있는 '인연의 실'을 느끼고 있다.

바다는 세상의 모든 것을 품는다. 그리고 모든 것을 하나로 만든다. 이 세계가 하나로 이어질 수 있는 것, 그것은 바다가 있기 때문일 것이다. 바다는 각 대륙에서 생겨나고 발전하고 쇠퇴했던 것을 하나로 담아 세상 모든 나라에 전한다. 지금은 바다와 같은 인터넷이 더 빠르게 대륙과 대륙을 오고 가지만, 불과 몇 백 년 전까지만 하더라도 바다를 통해 각기 다른 세상의 소식과 문화들이 하나로 이어졌을 것이다. 어쩌면 '인연'이라는 것은 보이지 않는 가느다란 한 가닥의 실이기도 하지만 모두가 볼 수 있고 모든 세상을 품고 흘러가는 바다이기도 한 것이 아닐까? 가끔 고향이 그리워 인천 앞 바다에 서서 서쪽 저편으로 지고 있는 태양을 볼 때면 나는 중국과 한국, 한국과 중국 그리고 나를 이어주고 있는 운명과 같은 '인연의 실'을 마주하고 있음을 느낀다.

'인연'이라는 주제를 가지고 지난 20년간 나는 한국과 중국 문화의 실타래를 풀어 오고 있다. 한중 우호의 역사에서 중요한 인물의 이야기를 한중연사 첫 권으로 풀어내기 시작하여 랴오닝성에서 만난 한국과의 인연을 두 번째로, 제주에서 얽힌 한국과 중국의 문화의 인연을 세 번째로, 그리고 이번에는 서울에서 맺어진 인연을 따라가 보기로 했다. 이 책을 준비하면서 서울 곳곳을 찾아다녔다. 그야말로 서울은 도시 전체가 역사 그 자체였다. 어디를 가나 조선시대의 크고 작은 역사적 유적과 역사 속 이야기로 가득 차 있었다. 다닐수록 느끼게 되는 것은 서울이 그야말로 학문과 지식의 중심이자 문화와 예술이 살아 숨 쉬는 무대라는 것이다.

서울과 맺은 첫 번째 인연의 실은 남경으로 이어져 있다. 그것은 15세기 조선과 명나라의 문인들이 시(詩)와 서(書)를 통해 맺은 고아한 인연이다. 당대 조선 최고의 학자였던 서울(한양)의 정인지, 신숙주, 성삼문 등과 명나라 남경에서 온 예겸의 만남은 예겸이 "그대와 하룻밤 말하는 것이 10년 동안 글을 읽는 것보다 낫소"라고 말할 만큼 깊은 인연을 남겼으며, 예겸이 지었다고 하는 '압구정'이라는 한명회의 정자 이름은 현재 강남 한 동네의 이름으로 남아 있기도 하다.

조선시대에 중국과 조선을 이어 준 인연의 실은 대체로 양국을 오고 간 사신 행렬과 함께 따라왔다. 서울과 맺은 인연의 실은 중국 사신들과 관련이 있다. 서울 덕수궁 주변에 있었던 중국 사신들의 숙소 황화방과 관련된 이야기, 선조 때 명나라 사신으로 와 성균관 〈명륜당〉 편액을 써 준 주지번과 서울의 인연을 다룬 세 번째 이야기, 사행 길의 험난한 노정과 온갖 고난을 이겨내며 인연의 실을 잇기 위해 노력했던 조선과 중국 사신들의 사행 기록을 좇은 네 번째 이야기가 이어진다. 다섯 번째 이야기는 사신으로 왔다가 조선의 모습을 그려 중국에 소개한 아극돈과 서울의 인연을 소개하였다.

인연의 실은 사람과 사람만을 이어주는 것은 아니다. 세상의 모든 것을 맺어 주고 연결시켜 준다. 여섯 번째 인연의 실은 북경의 소나무를 통해 맺어졌다. 당시 북경에는 1300년 된 구룡송(九

龍松)이라는 백송이 있었는데, 조선의 많은 사신들이 중국의 백송을 서울에 옮겨 심고자 무척 노력했다고 한다. 북경의 백송과 관련된 조선 문인들의 시와 그림은 많이 남아 있으나, 정작 백송은 현재 재동 백송과 조계사 백송 단 두 그루만 남아 있다. 북경의 백송과 서울의 백송을 이어 준 실은 백송을 사랑한 수많은 문인들과 사신들의 마음이 아니었을까.

소나무 하면 추사 김정희를 빼놓을 수 없다. 일곱 번째 이야기는 청나라 금석학자 유희해와 조선의 추사 김정희의 인연인데, 금석학의 대가인 두 사람은 조선과 중국의 고비석 탁본을 통해 교류하면서 금석학의 발전을 가져왔으며, 추사체 역시 유희해가 보내온 수많은 명비의 탁본을 연구하면서 만들어진 것이다. 이렇듯 좋은 인연은 역사에 남는 위대한 작품들로 승화되기도 한다.

인연은 긴 역사를 두고 이어진다. 여덟 번째 이야기는 당나라 태종과 먼 후대 사람인 추사의 인연을 다룬다. 서울 국립중앙박물관에는 진공대사탑과 비신이 있다. 이 탑의 비문은 고려 왕건이 짓고 당 태종의 글씨를 집자해 건립한 것인데, 앞서 유희해와 추사 사이에 오간 편지에도 발견되며, 몇 백 년 전 당 태종의 글씨가 탁본으로 다시 중국으로 건너가기도 했다고 한다. 긴 세월 동안 글씨로 이어진 당 태종, 고려 태조 왕건, 조선의 김정희와 유희해 등의 인연이 겹겹이 쌓인 이야기다.

조선과 청나라 문인들의 학술적·인문적 교류는 지금의 우리가 상상할 수 없을 만큼 폭넓고 깊게 이루어졌다. 특히 문장과 글씨를 통해 맺어진 인문 교류는 국경을 뛰어넘는 보편의 예술적 감성을 이어 준다. 청나라 문인들의 인장을 수입해 인장 속 글씨의 아름다움으로 인연을 맺어 갔던 조선 헌종의 이야기, 웅장하고 위대한 서풍으로 충절의 상징이기도 한 안진경체를 집자해 세워진 사육신 묘비, 조선의 이념인 성리학의 창시자 주희의 글씨 등은 글자 하나만으로도 마음을 전할 수 있을 만큼 깊은 인연을 쌓았던 양국 관계를 표상한다고 할 수 있다.

열두 번째 이야기는 서울이라는 도시와 관련이 있다. 서울의 옛 이름인 한양의 도성은 백악산, 인왕산, 목멱산, 낙산이라는 네 산을 연결하여 도성을 쌓았고 도성의 동서남북의 흥인지문, 돈의문, 숭례문, 숙청문은 유교의 사단(四端)인 '인의예지'에서 연유하며, 종묘와 사직 역시 『주례』에 따라 위치를 정하였다. 서울은 중국과는 달리 언덕이 많고 하천과 지류들이 많아 정방형 도시계획이 불가능하였지만 유교 예법을 충실히 따라 배치했다고 한다.

광화문은 서울을 상징한다. 경복궁의 남문으로, '광화'는 "큰 덕이 온 나라에 비춘다"라는 의미인데 덕과 교화를 통해 백성을 다스린다는 유교 덕치와 연결되는 이야기를 열세 번째 인연으로 소개했다. 이는 광화문 천정에 그려진 하도낙서(河圖洛書)를 통해 확인할 수 있다. 중국 문명을 세워 덕으로 나라를 다스린 복희씨(伏羲氏)와 하우(夏禹)를 상징하는 문양이기도 한데, 이는 동양적 세계관을 구성하는 팔괘와 홍범구주의 원형으로 알려져 있다.

서울의 국립중앙박물관에 소장된 유물들 가운데, 평양 인근에서 출토되었으며 낙랑문화를 대표한다고 할 수 있는 〈평양석암리 금제 띠고리〉는 당시 중국과 한반도의 공예술의 융합을 알 수 있게 한다. 또한 뚝섬에서 발견되어 국립중앙박물관에 소장되어 있는 〈뚝섬 출토 금동여래좌상〉은 고구려와 백제의 불교가 중국 불교와 맺은 인연의 깊이를 가늠하게 하는 귀중한 유물이다.

많은 한국 사람들이 『삼국지』를 좋아하지만 『삼국지』와 관련된 유적을 서울에서 발견하기는 힘들다. 그러나 열여섯 번째 및 열일곱 번째 이야기에서 『삼국지』와 서울의 인연을 소개하였다. 동묘는 서울에 있는 유일한 관우 사당이다. 중국에서 관제묘는 30만 곳이 있지만 한국은 여기 한 곳밖에 없다. 동관왕묘는 1601년에 건립되었는데, 명 만력제가 금 4천 냥을 하사할 만큼 큰 관심을 가지기도 했다. 이곳에는 49점에 이르는 편액과 주련이 걸려 있는데 대부분 명청 시대 문인들의 글씨다. 관우의 글씨로 알려진 작품 2점이 있으나 실제 관우의 글씨인지는 알 길이 없다. 『삼국지』를 좋아하는 한국 사람들은 서울에 관우 사당이 있다는 사실을 알고 있을까?

『삼국지』 만큼이나 『서유기』도 인기가 많다. 한국에서도 어른들은 『삼국지』, 어린이들은 『서유기』를 좋아한다. 1990년대에 손오공이 나오는 만화영화들이 어린이들에게 큰 인기를 얻기도 했다. 그래서 열여덟 번째 이야기는 손오공으로 맺어진 서울과 중국의 인연을 다루었다. 서울에 〈원각사지십층석탑〉이 있는데 이 탑의 4면에는 『서유기』와 관련된 이야기들이 조각되어 있다. 파초선으로 화염산의 불을 끄는 장면이 있는가 하면, 인삼과를 대접받는 장면, 사화상을 만나는 장면, 현장이 거미 괴물에 납치되는 장면 등 『서유기』의 흥미로운 장면들이 들어 있다. 옛날이나 지금이나 문화가 활발하게 교류되기 위해서는 어느 정도 흥미와 재미가 있는 콘텐츠가 있어야 하는가 보다.

열아홉 번째 인연은 종로에 있는 선무사와 관련된 이야기이다. 선무사는 두 명의 중국인을 제사 지내기 위한 사당이다. 정유재란이 발생하면서 명나라는 형개를 총독으로 하고 양호를 경리로 한 5만 명의 지원군을 보냈다. 두 사람은 임진왜란을 끝내는 데 많은 공을 세웠고 이에 대한 고마움의 표시로 조선은 사당을 세워, 1598년에 형개를, 1604년에 양호의 위패를 추가하여 배향했다고 한다. 위태로울 때 그 인연의 깊이를 알 수 있는 것이리라.

스무 번째 이야기는 조각에 대한 것이다. 18세기 조선 최고의 조각가인 최천약은 중국과의 인연으로 '동인'(銅人)이라는 작품을 만들었다. 동인은 구리로 만든 사람 모형의 조각인데 침을 놓는 연습용으로 제작된 것이다. 당시 조선에는 없었던 동인을 1730년 중국으로 가 조사한 후 의료용 동인을 만들었다고 한다. 현재 국립고궁박물관에 소장되어 있는데, 1905년 제작된 중국의 광서동인과는 달리 손바닥을 앞으로 하고 있다.

서울은 글로벌 도시이다. 세계의 다양한 문화가 한국과 인연을 맺기 위해 서울과 끊임없이 교류하고 있다. 수 세기 전 서울, 즉 한양은 동아시아 문화를 대표하는 도시 중 하나였다. 명나라, 청나라, 일본, 류큐 등 동아시아 주변 국가와의 모든 교류가 이곳에서 이루어졌다. 중국의 문화가 서울을 통해 일본으로 전해지기도 하고, 일본의 문화가 서울을 통해 중국으로 흘러 들어가기도 했다. 문화는 어느 한 곳에 멈춰 있지 않는다. 흐르고 또 흐른다. 흐르는 방향도 일정하지 않다. 위로도 흐르고 아래로도 흐르고 좌와 우로도 흐른다. 필요로 하는 곳이 있으면 바로 그곳으로 흐른다. 그렇게 흐르고 있는 문화를 자신의 생활 속으로 융합시키면 자신의 문화가 되는 것이다.

문화는 인연이다. 문화는 만남이다. 만남과 인연은 그렇듯 늘 흐른다. 인연을 귀하게 여기고 그 인연을 잘 가꾸어 나가면 자신의 문화가 되는 것이다. 이 책을 통해 한국과 중국의 인연을 서울이라는 공간적 배경을 중심으로 찾아보고자 했다. 우리의 조상들은 우연히 찾아왔던 인연을 어떻게 예술로, 학문으로, 그리고 문화로 가꾸어 갔는지를 탐색해 보고자 했다. 인연을 통해 어떻게 역사를 만들어 왔는지 탐구해 보고자 했다. 추사 김정희 선생의 글씨처럼 인연이 역사 속에 얼마나 깊이 아로새겨질 수 있는지를…….

나는 2년 전부터 매년 이 계절이 되면 제주에서 보낸 수선화를 받는다. 내가 『제주에서 중국 문화 찾기』라는 책에서 소개했듯이, 제주의 수선화는 이미 오래전부터 한중 사절들 간 교류의 상징이었고, 오랫동안 한중 양국의 선현들이 그리움과 우정을 수선화에 담아 보냈기에 나도 매년 이맘때가 되면 자연스럽게 수선화를 연상하며 바라게 되었고, 더더욱 감격하는 마음을 갖게 된다. 이 소중한 인연의 끈들이 '缘'을 주제로 한 시리즈의 책들로 엮어졌

고, 『한중연사 종합편』, 『한중연사 랴오닝편』, 『제주에서 중국 문화 찾기』에 이어 『서울에서 만나는 한중연』을 출판하여 세상으로 내보내게 되었다. 이 기회를 빌어 싱하이밍 대사님께 무한한 존경과 감사를 드린다. 또한 주한중국대사관, 주제주중국총영사관, 랴오닝성 정부의 관계자 여러분 그리고 주중한국문화원, 제주도의회, 제주도청, 서울시, 한국관광공사의 관계자 여러분들의 성원과 지지에도 마음 깊이 감사를 드린다.

내게 수선화를 보내 주는 사람은 바로 이 책의 공동 저자인 김민규 교수이다. 옛날 조선의 사신들은 연경에 가면 꼭 책과 함께, 조선에 없는 꽃과 묘목을 구해 가지고 와서 지인들에게 나누어 주곤 했다. 추사 김정희가 이 귀한 수선화를 받았을 때의 기쁨이란 상상만 해도 아름답다. 추사 정신의 학맥을 이어온 김민규 박사는 수백 년이 지난 지금 수선화의 향기를 자신의 손에서 다시 한중문화우호협회와, 중국에서 온 취환에게로 흘려보내 주었다. 나의 한국 문화 스승인 김민규 박사와의 학연과 우정은 나로 하여금 한국의 역사·문화에 깊은 관심을 갖게 했고, 김 박사와 함께 공부하면서 점차 역사와 인문학의 바다에 빠져들었다. 우리가 함께 집필은 했지만 한국의 역사 문화에 대해 잘 알지 못했던 내가 이 책에 기여한 것은 사실 매우 적은 부분이었고, 대부분은 김민규 박사가 한국에서 쌓아 온 학문적 연구 성과이다. 한국에서 살며 이곳을 사랑하는 한 중국인으로서 중국에서 한국을 방문하는 사람들이 한국의 진면목을 보고 좋은 우호의 감정을 갖게 하며, 서로 협력하고 상생하는 비전을 제시하는 것이 나의 일이다. 김 박사가 학술 분야에서 더 큰 성취를 이루기를 기원하며, 우리의 한중연 이야기는 앞으로 점점 더 멋진 내용으로 채워질 것이다.

마지막으로 이 책을 펴내는 과정에서 많은 지도와 도움을 아끼지 않으신 은사 서상민 교수님께 감사드린다. 한중문화우호협회를 후원하시는 회원님들과 이번 출판기념회를 성공적으로 개최할 수 있게 멋진 장소를 지원해 주신 중국건설은행 서울 지점 왕위지에 대표님, 사랑하는 협회 동료들에게 깊은 감사의 인사를 전한다.

序言

·

曲欢

据说有缘份的人之间都有一根无形的“红线”相连，韩国、中国甚至日本都有类似的传说，也许“缘”字的部首使用了象征丝线的绞丝旁也正是源于此吧！作为中国妈妈的女儿、韩国女儿的妈妈，我离开中国的妈妈，在韩国生活二十多年的每一天，都感到这“缘份之线”像命运一样，将我与韩国和中国紧密联系在一起。

多年前互联网尚未如此发达，还记得那时当我思念家乡时，我会站在斜阳西照的仁川海边，看上很久那些驶入仁川港和驶向山东半岛的轮船，当时眼前的大海、海鸥，声声的汽笛彷佛都成为一条条“因缘之线”，连接着中国和韩国，连接着中国和我、韩国和我，连接着我和中国与韩国。因此我想到以地缘、文缘和人缘的“缘”为主题，出版《中韩缘史》系列篇，让更多的人了解到那些中韩先人往来的故事和情谊如何延续到今天。从第一卷为纪念中韩建交25周年的《中韩缘史》温故知新卷、第二卷《在辽宁遇见中韩缘》、第三卷《在济州遇见中韩缘》，到今天的第四卷《在首尔遇见中韩缘》，我始终被那些无处不在的缘份感动着。在准备此卷期间，探访了首尔很多地方，愈发觉得这座时尚的国际名城被誉为韩国历史文化中心是名副其实，同时首尔也是文化和艺术生生不息的舞台，更是到处充满了中韩情缘的友好之都。

在首尔遇见的第一段中韩缘连接着南京。这是15世纪朝鲜和明朝文人通过诗和书结下的古雅缘份。首尔的郑麟趾、申叔舟、成三问等人作为当代朝鲜的最高学者，与明朝南京的倪谦相遇，留下了“与君一夕话，胜读十年书”的友好佳话。倪谦为韩明浍的亭子起名为“狎鸥亭”，而今日“狎鸥亭”已成为首尔江南最受欢迎的观光购物之地。

在朝鲜时代，来往于两国的使者演绎出无数段美缘。第三篇讲述了中国使臣下榻的皇华坊（位于首尔德寿宫附近）的故事以及先祖时期明朝使臣朱之蕃为成均馆“明伦堂”题写匾额与首尔结下的缘份；第四篇的“缘份之线”系在充满艰辛的使行路上，第五篇的主人公使臣阿克敦出使朝鲜期间，画下朝鲜的地图并向中国人介绍朝鲜面貌，与首尔的缘份可谓深厚。

缘份不仅将人与人联系起来，也将世界万物联系在一起。第六篇讲述的是松树缘。当时，北京有一棵1300年历史的白松，名叫九龙松，据说朝鲜文人留下了很多与北京白松有关的诗和画，朝鲜的许多使者也为了把这棵白松带到首尔，付出了巨大的努力，我们今天在首尔斋洞和曹溪寺见到那两株白松时一定能感到无数热爱白松的文人和使臣们的心吧！

说到松树，就不得不提到秋史金正喜。在第七篇可以读到清代的金石学者刘喜海和朝鲜时代的秋史因古碑拓本而结下的缘份。两位金石学大师的缘份不仅促进了金石学的发展，秋史体也是在研究刘喜海送来的众多名碑拓本的过程中形成的。由此可见，美好的缘份终将转化为载入史册的伟大作品。

缘份在历史长河里不断延续。第八篇则是唐太宗和秋史跨越时空的缘份。在首尔的国立中央博物馆里，有一座〈真空大师塔〉碑身。这个塔上的碑文是高丽太祖王建收集唐太宗的字迹后所刻，通过之前刘喜海和秋史之间的书信发现，几百年前的唐太宗字迹再次被送往中国。在漫长的岁月里，唐太宗、高丽太祖王建、朝鲜时代的金正喜和刘喜海等人的缘份源远流长。

朝鲜和清朝之间的学术和人文交流之深远的程度是今天的我们所无法想象的。尤其是通过文字和书法进行的交流，抒发着超越国界的艺术情感。“朝鲜宪宗收集清朝文人的印章，并通过印章上美丽的文字与之结缘的故事”，“用忠节的象征——气势磅礴的颜真卿体在首尔刻制‘死六臣’墓碑碑文的故事”，“首尔与创造了朝鲜性理学理念的朱熹的故事”，都体现了两国之间仅通过文字就能传达彼此感情的深厚因缘。

第十二篇是关于首尔这座城的建筑本身的故事。汉阳（首尔的旧称）都城是由白岳山、仁王山、木觅山和骆山四座山连接建成的。都城的东西南北侧由兴仁门、敦义门、崇礼门、肃靖门四座城门根据儒家的"四端"而建，源于"仁义礼智"，钟庙和社稷也是按"周礼"规划布建。首尔地形与中国不同，多山坡且河流和支流众多，因此不能按照方形进行城市规划，但也按照儒家礼法建立而成也可谓用心良苦了。

第十三个故事是关于首尔的象征光化门与儒家德治思想的缘份，光化门作为景福宫的南门，"光化"意为"德耀大地"，即通过美德和教化来统治人民。光化门天花板上的河图洛书与儒家的德治思想有关，是伏羲氏和夏禹开创中华文明、以德治国的象征，被称为构成东方世界观的"八卦"和"洪范九畴"的原型。在首尔国立中央博物馆收藏的众多与中国有关的文物中，平壤附近出土的"平壤石岩里金制铰具"是乐浪文化的代表作，体现了当时中国和朝鲜半岛工艺的融合。在纛岛出土、收藏于国立中央博物馆的"纛岛出土金铜如来坐像"也是一件珍贵的文物，揭示了高句丽和百济佛教与中国佛教的交流历史。

许多韩国人都喜欢《三国志》的故事，但在首尔很难找到与《三国志》有关的遗迹。因此，在第十六和第十七个故事中将介绍《三国志》与首尔之间的缘份。首尔东庙位于首尔，是韩国唯一的一座关羽祠堂。中国有30万座关帝庙，而韩国只有这一座。东关王庙于1601年完工，共花费4000两黄金，明朝万历皇帝对其非常重视。墓中有49块挂匾和碑刻，大多出自明清文人之手。其中有两块作品落款为关羽，但无法确认是否为真迹。我希望韩国的三国志粉丝们能通过此书了解到在首尔也有一座关王庙。

《西游记》和《三国志》一样受欢迎。在韩国，大人爱看《三国志》，孩子爱看《西游记》。在90年代，以孙悟空为主角的动画片大受孩子们的欢迎，第十八个故事通过孙悟空来讲述首尔与中国的缘份。首尔有一座"圆觉寺址十层石塔"，四面雕刻着《西游记》中的故事。塔内有用芭蕉扇熄灭火焰山烈火、受到"人参果"款待、与沙和尚相遇、被蜘蛛抓住走等有趣场景。看来古往今来要想实现文化的积极交流，一定的趣味性和娱乐性内容必不可少。

第十九篇是关于首尔钟路宣武祠体现患难见真情的佳话。万历朝鲜战争发生后，明朝任命邢玠为总督，杨镐任右佥都御史率五万明军赴朝。二人对于终结万历朝鲜战争功劳卓著，朝鲜出于感谢，于1598年始建宣武祠供奉邢玠和杨镐及阵亡的明军将士。最后一篇是"铜人缘"。在18世纪，朝鲜著名雕塑家崔天若曾多次访问中国，并创作了名为"铜人"的作品。铜人是用铜制成的人形雕塑，用于针灸练习。据说1730年朝鲜还没有铜人，崔天若前往中国调查研究并最终成功制作了医用铜人。它现在由国立故宫博物院收藏，与1905年中国制作的光绪铜人不同之处在于手掌是朝前的。

文化是一种邂逅，是一种美妙的缘份，是因交流而更加多彩、更加灿烂的传承。数世纪前，明朝、清朝、日本、琉球等东亚周边国家的文化在首尔交流活跃。中国的文化通过首尔传到日本，日本的文化也通过首尔传入中国，交流的过程中首尔即汉阳无疑成为代表东亚文化的城市之一。文化似水，奔流不息，将这样流动的文化融入到自己的生活中，又会衍生自己特有的文化。一如以汇聚世界多种文化的首尔为背景，出版今天这本《在首尔遇见中韩缘》，即是希望探寻韩国与中国之间的缘份，探索如何向更多的人讲述这些中韩故事、如何传承我们祖先留下的这份珍贵友谊。

衷心希望中韩两国朋友能“喜同乐异”，为发现两国文化的相同相似之处而欢喜，为两国文化“同中有异”带给我们的好奇心而快乐，希望两国先人经历千年的岁寒之谊能像秋史先生岁寒图上那方“长毋相忘”之印章铭刻于各位读者心中。

从两年前开始，每到这个季节，我都会收到济州寄来的水仙花。正如我曾在《中国文化在济州》一书中介绍过的，济州水仙花对我来说早已成为中韩使节交流的象征，早已成为中韩两国先贤载以思念和友情的寄托，早已成为我每到此时自然的联想和期盼，当然还有更多的感激之情。《中韩缘史》系列丛书得以出版并得到传播，我一定要在此向邢海明大使和中国驻韩国大使馆、中国驻济州总领事馆的各位外交官致以崇高的敬意和谢意！一并感谢辽宁省政府、驻华韩国文化院、济州道议会、济州道厅和首尔

市政府还有韩国旅游发展局的支持！

寄给我水仙花的正是本书的共同作者金玟圭教授。在古代，朝鲜的使臣一定会带回书籍和朝鲜没有的花与树苗送给朋友，光是想象一下秋史金正喜收到水仙花时的喜悦都觉得这画面很美好！继承了秋史精神学脉的金玟圭博士在数百年后的今天让水仙花的香气从他的手中流淌到韩中文化友好协会，流淌到来自中国的曲欢的身边。我在韩国文化方面的导师金玟圭博士和我之间的学缘和友情使我对韩国历史文化产生浓厚的兴趣，在和金博士一起学习时，我沉浸在历史和人文学的海洋里。虽然我们一起执笔，但是对于韩国历史文化知之甚少的我对这本书的贡献其实非常少，大部分内容都是金玟圭博士在韩国积累的钻研学术的成果。作为一名生活在韩国并热爱着这里的中国人，我的工作是把中国游客来韩国旅行时产生的问题意识抛出来，再在这些问题意识的基础上试图寻找解决的方向和前景而已。祝愿金博士在学术方面取得更大成就，我相信我们的中韩缘故事越来越精彩。

最后我要感谢在出版此书过程中我的恩师徐尚珉教授给予我的指导和帮助。一并向韩中文化友好协会多位会员和为此书出版纪念会提供完美场地的中国建设银行首尔分行王玉洁总经理和与我同苦同乐的协会同事们致以衷心的感谢。

光化門

차례 | 目录

경복궁 근정전 | 景福宮勤政殿

勤政殿

首尔

①

압구정의 이름을 지은 예겸과 조선 문인들의 시문화답

为狎鸥亭命名的倪谦与朝鲜文士的赋诗唱和交流佳话

압구정(狎鷗亭)은 15세기에 권신(權臣) 한명회(韓明澮, 1415~1487년)의 별서(別墅)로 건축되었으며, 조선시대 내내 한강 명승으로 이름이 높았다. 현대에는 강남의 중심지로 수많은 관광객이 몰리는 곳이다. 그런데 이 '압구정'이라는 이름을 명의 예겸(倪謙, 1415~1479년)이 지었다는 것을 아는 사람은 많지 않다.

예겸은 남경 출신으로 남경 예부상서(禮部尙書)에 올랐으며, 『조선기사』(朝鮮紀事), 『요해편』(遼海編) 등의 글을 남긴 학자이자, 글씨와 그림을 잘한 서화가이기도 했다. 한림시강(翰林侍講)이었던 예겸은 1450년 경태제(景泰帝)의 등극을 알리기 위해 조선에 왔으며, 이때 조선에 큰 영향을 끼쳤다.

〈예겸상〉(倪謙像),
『예문희공집』(倪文僖公集)
〈倪谦像〉,《倪文僖公集》

狎鸥亭是15世纪权臣韩明浍(1415～1487)修建的规模相当于别墅的楼阁，在整个朝鲜时代一直作为汉江名胜久负盛名。如今这里作为首尔江南的中心，是游客云集之地。然而，很少有人知道“狎鸥亭”这一名字是由明朝的倪谦(1415~1479)所取。

倪谦，南京人，曾官至南京礼部尚书，是著有《朝鲜纪事》、《辽海编》等文章的学者，也是一位擅长书法和绘画的书画家。1450年，任翰林侍讲的倪谦为宣读景泰帝登极诏出访朝鲜，对当时朝鲜产生了较大影响。

倪谦有别于一般使臣的是，他在朝鲜期间很热衷于各种文化活动，包括拜谒文庙、为大君和诸君画梅等。据传，直到返程为止倪谦每日与郑麟趾(1396～1478)、申叔舟(1417～1475)、成三

예겸은 일반적인 사신들과는 다르게 문화적 행사를 많이 요청했는데, 조선에 와서 문묘를 배알하거나 대군과 제군(諸君)에게 각각 매화를 그려 주기도 했다. 혹은 정인지(鄭麟趾, 1396~1478년), 신숙주(申叔舟, 1417~1475년), 성삼문(成三問, 1418~1456년)과 돌아갈 때까지 매일 시를 주고받았다고 한다. 특히 정인지에게 "그대와 하룻밤 말하는 것이 10년 동안 글 읽는 것보다 낫소."라고 하여 각별함을 이야기했다.

또 예겸은 안평대군 이용(李瑢)의 글씨를 가지고 황제에게 바쳤는데, 황제는 "매우 좋다. 꼭 이것이 조자앙(趙子昂, 조맹부)의 서체이다."라고 칭찬하고, 이후 사신들에게 "그대들은 조선에 도착하거든 중국에 없는 물건을 구해 오라."는 명을 내리기도 했다. 그래서 이후 오는 사신들은 안평대군의 글씨를 얻고 싶어 하기도 했다.

예겸은 조선에 문학하는 선비들이 많아 시문을 서로 화답(和答)한 것이 중국의 작품보다 못할 것이 없다고 했으며, 그 문장의 융성함을 극구 찬양하기도 했다. 그리고 예겸이 돌아갈 때 세종대왕이 조정의 문신들에게 송별시를 지어 주게 했는데, 이것이 바로 『요해편』이며, 중국에서 판각한 것이 유통되었다고 한다. 예겸의 이러한 활동은 향후 조선의 문화가 중국에서 인정받는 요인이기도 했다.

조선 문사들과 예겸이 나눈 시화(詩話)는 친필로 남아 있는데, 국립중앙박물관에 소장되어 있는 《봉사조선창화시권》(奉使朝鮮倡和詩卷)이 그것이다. 이 시권에는 예겸의 〈설제등루부〉(雪霽登樓

问(1418～1456)赋诗唱和，更对郑麟趾称“与君一夕话，胜读十年书”。

此外，倪谦还将安平大君李瑢的书迹呈献给明代宗，代宗称赞“甚善，正是赵子昂体也”，之后还命众使臣“诸臣抵鲜后，当寻中原罕见之物”。以至于之后出使朝鲜的明朝使臣均想寻得安平大君的书法真迹。

倪谦曾称，朝鲜文贤辈出，论诗文唱和不输中原，并盛赞其文人兴盛。据载，倪谦返明之时，世宗大王曾命朝廷众文臣赋送别诗赠之，即《辽海编》，该书曾在中原刻板印刷流传。倪谦的这些活动也是日后朝鲜文化在中原获得认可的主要因素。

收录了与朝鲜文士赋诗唱和佳篇的倪谦著作《奉使朝鲜倡和诗卷》，其真迹现收藏于国立中央博物馆。该诗卷共收录倪谦的《雪霁登楼赋》和与之应和的远接使申叔舟的《和雪霁登楼赋》两篇赋和33篇诗，共计35篇文章。其中，诗作包括倪谦的15篇、鄭麟趾和申叔舟各6篇、成三问5篇，均以亲笔并加印收录，是一部长达16米的卷轴大作。

《奉使朝鲜倡和诗卷》是倪谦甄选出使朝鲜期间从抵达汉阳拜谒文庙，直到经鸭绿江返回大明这段日程中所唱和的诗作编撰而成。该诗卷多处可见修改痕迹，给人一种仿佛置身赋诗挥墨现场的既视感。

特别是，经历过万历朝鲜战争的破坏和掠夺后，万历朝鲜战争以前的书画更尤显珍贵。也因此，留存有15世纪书法名家郑麟趾、申叔舟、成三问亲笔书迹的《奉使朝鲜倡和诗卷》，在韩国书

《봉사조선창화시권》 중 예겸과 정인지의 시, 1450년, 종이,
33×1600cm, 보물 1404호, 국립중앙박물관

《奉使朝鲜倡和诗卷》中倪谦和郑麟趾的诗，1450年，纸张，33×1600cm，宝物1404号，国立中央博物馆

《봉사조선창화시권》 중 신숙주, 예겸, 성삼문의 시, 1450년,
종이, 33×1600cm, 보물 1404호, 국립중앙박물관

《奉使朝鲜倡和诗卷》中申叔舟、倪谦、成三问的诗，1450年，纸张，33×1600cm，宝物1404号，国立中央博物馆

賦)와 이에 화답한 원접사(遠接使) 신숙주의 〈화설제등루부〉(和雪霽登樓賦) 2편의 부(賦)와 33편의 시를 포함, 총 35편의 글이 담겨 있다. 각 시는 예겸 15편, 정인지와 신숙주가 각각 6편, 성삼문 5편이 친필로 기록되었으며, 인장(印章)까지 찍혀 있는 16미터에 이르는 대작이다.

《봉사조선창화시권》은 예겸의 여정 중 한양에 들어와 문묘를 배알하고, 압록강으로 돌아갈 때까지의 일정에서 주고받은 시를 가려 뽑아 엮은 것이다. 다만 현장에서 작시(作詩)와 서사(書寫)가 함께 되었던 듯 곳곳에 수정 흔적이 있어 현장감이 느껴진다.

더욱이 조선은 임진왜란 때 참혹하게 파괴, 약탈되어 임진왜란 이전의 서화는 매우 귀중하다. 그런데 《봉사조선창화시권》에 15세기의 명필인 정인지, 신숙주, 성삼문의 친필이 남아 있다는 것은 한국 서예사에서 매우 중요한 위치를 차지한다.

명으로 돌아간 예겸은 벼슬을 이어가며 조선 사신과 긴밀한 관계를 유지한 것으로 보인다. 1475년 한명회는 사은사(謝恩使)로 명에 다녀오면서 자신이 새로 지은 압구정의 이름을 예겸에게 받아왔다. 아마도 예겸은 25년 전 조선에 왔을 때 함께 창수(唱酬)하던 성삼문, 글씨를 얻어 갔던 안평대군 등을 죽인 것이 한명회라고는 생각하지 못했을 수 있다. 수많은 충신열사를 죽음으로 몰아넣고, 조선의 기틀을 흔들어 버린 모사꾼이자 권신인 한명회를 위한 이름으로, '갈매기와 한가로이 가까이하는 집'이라는 압구정의 뜻은 어울리지 않지만 예겸은 이를 몰랐을 가능성이 높다.

흥미로운 것은 예겸이 압구정의 이름을 지어 주자 명의 사신

法史中也占据举足轻重的地位。

返回明朝的倪谦继续为官并与朝鲜使臣保持着紧密关系。正因如此，1475年韩明浍以谢恩使身份出使明朝时获倪谦为自己新建的狎鸥亭命名。也许倪谦并没有想到，杀害25年前他出使朝鲜时期一同把酒赋诗的成三问和赠己墨宝的安平大君等人的，正是韩明浍。

提到曾将无数忠臣烈士逼入绝境，动摇朝鲜根基的谋士兼权臣韩明浍，似乎蕴含与海鸥亲昵玩耍之意的“狎鸥亭”之名与其并不相符，当时倪谦肯定是并不知晓这一点的。

有趣的是，倪谦为狎鸥亭取名后，出使朝鲜的明使臣们都竞相想要参观这里。实际上当时接待明朝使臣时常在位于汉江边上的朝廷专用楼亭——汉江楼(济川亭)、喜雨亭等地设宴款待。然而，当韩明浍个人所有的楼亭成为争相参观之地后问题也相应出现。明朝众使臣均想一赏狎鸥亭，韩明浍则恣意想要动用宫中的龙凤遮日帐，最终招致被流放。

如今的狎鸥亭再无往日痕迹，仅能通过谦斋郑敾的画作来推测旧时面貌。画中可见高高山坡上建有瓦制楼阁狎鸥亭，其周围绘有金色沙滩和悠然来往的船只，远处宗松巍然耸立的南山呈墨绿色，周围的山峦依稀可见。

들은 압구정을 구경하고자 했다. 사실 명의 사신들이 오면 한강변의 국가 소유 누정(樓亭)인 한강루[漢江樓, 제천정(濟川亭)], 희우정(喜雨亭) 등에서 연회를 베풀었다. 그런데 한명회 소유의 개인 정자를 관람한다고 하여 문제가 된 것이다. 사신들도 꼭 압구정을 구경하고자 했으며, 한명회는 궁궐의 용봉차일(龍鳳遮日)을 제멋대로 쓰려고 해서 결국 귀양을 가게 되었다.

현재의 압구정은 그 흔적조차 남아 있지 않고, 겸재 정선의 그림으로만 그 모습을 추정할 수 있다. 높은 언덕 위에 큰 기와집으로 지어진 압구정이 있으며, 주변에는 금빛 모래톱과 한가로이 오가는 배의 모습이 그려져 있다. 멀리 종송(宗松)이 우뚝 솟은 남산이 짙은 녹색으로 그려져 있으며, 주변의 산들이 아스라이 보인다.

겸재 정선, 〈압구정〉, 《경교명승첩》(京郊名勝帖), 18세기, 비단에 채색, 간송미술관
谦斋郑敾, 〈狎鸥亭〉, 《京郊名胜帖》, 18世纪, 绸缎彩绘, 涧松美术馆

首尔

②

중국 사신의 숙소 황화방과, 교류의 기록 『황화집』

中国使臣的馆舍皇华坊与交流记录《皇华集》

서울의 덕수궁(경운궁) 주변은 조선시대에 황화방(皇華坊)으로 불렸으며, 조선시대 역사에 관심이 있다면 한 번쯤 들어보았을 지명이다. 한양의 서부에 위치한 황화방은 조선시대 최초의 왕후릉인 신덕왕후(神德王后) 정릉(貞陵)이 1396년 조성된 곳이다. 현재 이 근처를 정동(貞洞)이라고 하는 것도 이 '정릉'에서 유래된 것이며, 원래 정릉이 있던 곳은 지금 영국 대사관으로 추정하기도 한다.

신덕왕후 정릉은 1408년 현재의 정릉 즉 성북구 정릉동으로 옮겨졌으며, 1410년 흙으로 만들었던 청계천의 광통교가 떠내려가자 정릉의 옛 석물들을 사용해 광통교를 다시 만들어 현재까지 전해지고 있다.

首尔德寿宫(庆运宫)周边在朝鲜时代被称为“皇华坊”，若关注朝鲜时代历史，应该有所耳闻。皇华坊位于汉阳西部，是朝鲜时代最早的王后陵-神德王后贞陵于1396年建成之地。如今这附近被称为贞洞也是源于“贞陵”，据推测，贞陵旧址应位于现在英国大使馆所在的位置。

神德王后贞陵于1408年迁至现在的位置，即城北区贞陵洞。1410年，用泥土堆建的清溪川广通桥被冲垮后，曾使用贞陵的旧石雕重修广通桥并保存至今。

〈도성지도〉, 1902년, 종이, 개인 | 〈都城地图〉, 1902年, 纸张, 个人

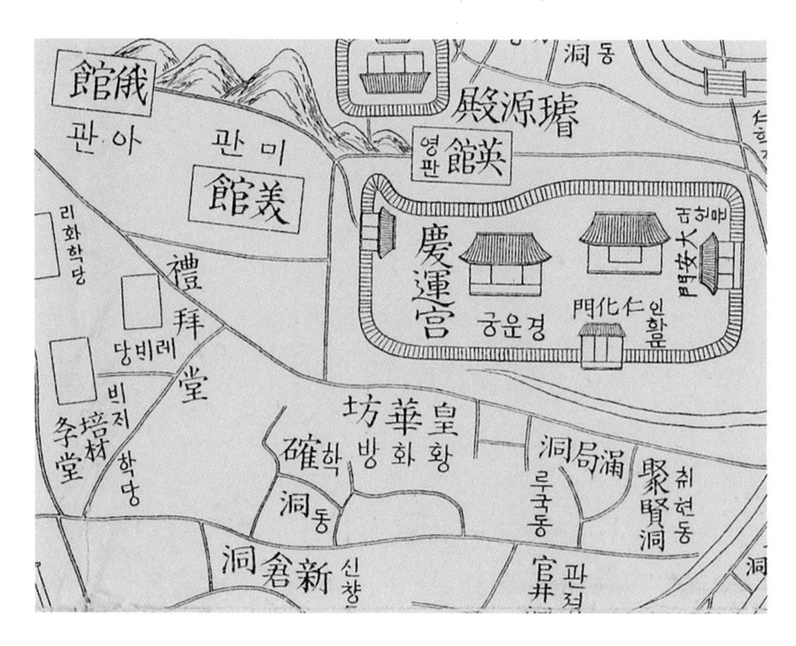

또 현재 덕수궁으로 불리는 경운궁은 본래 월산대군의 집이었는데 선조가 임진왜란 때 도성으로 돌아온 뒤 모든 궁궐이 불타 시어소(時御所)로 삼았고, 인조가 반정을 일으켜 이 궁에서 즉위한 바 있었다. 고종이 아관파천(1896년)한 뒤 이 경운궁을 황궁(皇宮)으로 개수해 사용했으며, '덕수궁'이라는 이름으로 불리게 된 것은 고종의 궁호(宮號)가 '덕수궁'이었기 때문이다.

이처럼 조선의 역사와 함께한 황화방의 이름에 대해 아는 사람들은 많지 않다. '황화'(皇華)란 『시경』, 「소아」(小雅), 「황황자화」(皇皇者華)라는 시에서 유래한 것으로 사신(使臣)의 별칭이다. 「황황자화」는 "환하게 피어 만발한 꽃이여, 저 언덕 진펄에 피어 있구나. 달려가는 정부여, 매양 미치지 못할 듯이 생각하도다"(皇皇者華, 于彼原隰. 駪駪征夫, 每懷靡及.)라는 내용으로, 꽃은 만발했지만 이리저리 오가는 사신은 늦을까 걱정만 한다는 의미를 담고 있다.

황화방에 이러한 이름이 붙은 이유는 바로 중국 사신의 숙소인 태평관이 있었기 때문이다. 태평관은 조선시대 서부 황화방, 현재 서울특별시 중구 세종대로9길 41에 해당한다.

태평관은 조선시대에 중국 사신을 접대하던 숙소로 왕이나 왕자가 사신들을 대접하기 위해 다례와 하마연(下馬宴), 익일연(翌日宴) 등의 연회를 베풀던 곳이다. 태평관의 유래는 고려 시대의 정동행성(征東行省)을 태평관으로 고쳐 부른 것에서 비롯되었으며, 원나라가 물러간 뒤에 중국 사신의 숙소로 바뀌었다. 조선이 건국되고 한양으로 도읍을 옮긴 뒤 1395년 태평관이 황화방에 건립되

此外，现今被称为德寿宫的庆运宫原本是月山大君府宅。万历朝鲜战争后，宣祖回到都城时，所有宫殿均被焚毁，便移居这里作为临时御所；仁祖扶正后在该宫登基；高宗则在俄馆播迁(1896年)后，将庆运宫改建为皇宫使用，因高宗的宫号为“德寿宫”，故改称此名。

皇华坊伴朝鲜历史兴衰，却很少有人知晓它的名字。“皇华”源于诗经《小雅·皇皇者华》这首诗，是使臣的一种别称。

《皇皇者华》中“皇皇者华，于彼原隰。駪駪征夫，每怀靡及…”的内容，表达了纵然鲜花遍开原野，但使臣行之匆匆，唯恐有辱使命之意。

皇华坊得此名，是因明朝使臣的馆舍-太平馆位于这里。朝鲜时代太平馆位于西皇华坊，相当于如今首尔特别市中区世宗大路9路41一带。

太平馆在朝鲜时代是接待明朝遣使的馆舍，是国王或王子招待使臣设接宾茶礼和下马宴、翌日宴等宴席之地。太平馆的由来源自高丽时代的征东行省曾改称为太平馆，元朝灭亡后这里改为接待中原使臣的馆舍。朝鲜王朝迁都汉阳后，于1395年建太平馆于皇华坊内，皇华坊这一名称也因此流传开来。

馆待于皇华坊太平馆的众多明代使臣中如果有文士，则会安排能够与之唱酬的文臣馆伴随从，具有代表性的有与1450年出使朝鲜的倪谦赋诗唱和的申叔舟、成三问等人。收集明代使臣和朝鲜文官唱和诗文编纂而成的作品集，被称为《皇华集》。

《皇华集》收集了从明朝使臣首次出使朝鲜的1450年到1633

어 황화방이라는 이름도 생겨났다.

황화방의 태평관을 거쳐 간 수많은 명나라 사신들 중에 문사(文士)가 있을 경우 이들과 창수(唱酬)할 문관들을 배종(陪從)하게 했다. 대표적으로 1450년 사신으로 온 예겸과 시를 주고받은 신숙주, 성삼문 등이 있다. 명 사신들과 우리나라 문관들이 주고받은 시문을 모아 편찬한 것을 『황화집』(皇華集)이라고 한다.

『황화집』은 명나라 사신이 처음으로 조선에 온 1450년부터 1633년까지 180여 년간 24차례에 걸쳐 양측이 주고받은 시를 모은 것으로 개별 책으로 전래되다가 1773년 영조의 명으로 수집, 정리해 목판본 50권으로 간행되었다.

이 『황화집』에는 수많은 시문이 수록되어 있으나 으뜸으로 꼽을 수 있는 작품은 장녕(張寧, 1426~1496년)의 「한강루에 올라」(登漢江樓)이다.

동국에 높은 누각이 있는데, 앞에는 한강 물이 흐르고 있구나.
햇빛은 청작방(靑雀舫)에 어른거리고,
그림자는 백구주(白鷗洲)에 떨어지네.
멀리 하늘 끝을 바라보니, 허공에 있어 땅에 뜨려고 하네.
여덟 창으로 바람과 햇빛이 좋은데,
대접이 너무 좋아 다시 머무르고 싶네.

이 시는 이른 봄 햇빛 강물에 부서져 놀잇배에 어른거리고, 새하얀 모래사장에 눈부시게 비치는 모습을 너무도 잘 표현했다. 장

年，180余年间共计24次双方往来唱和的诗作，起初以单行本流传，1773年英祖下令收集整理后以木刻版本刊印50卷。

《皇华集》中收录多篇诗文，其中首屈一指的作品当属张宁(1426～1496)的《登汉江楼》。

东国有高楼，楼前汉水流。

光摇青雀舫，影落白鸥洲。

望远天疑尽，凌虚地欲浮。

八窓风日好，下榻重淹留。

此诗极好地表现了早春阳光洒满江面，摇曳轻舟，照映在白沙滩上的景象。根据记载，张宁于1460年3月5日游览汉江，并在汉江楼(即，济川亭)上赋诗“登汉江楼”十首。朝鲜成宗也曾评价这首诗堪称最佳。

有众多记录可考，礼科给事中张宁于1460年作为钦差正使出使朝鲜并可堪称遣使典范。尤其值得一提的是，张宁除了公务礼品之外，其他物品多半拒收或仅收一点诚意，这与要求贿赂的个别使臣形成了鲜明对比。

此外，在文庙谒圣时张宁看到之前使臣们留下的诗文后笑称：“圣人门前怎敢弄文，在下不敢。”表现出了十分谦逊的一面。

返回明朝时，朝鲜赠送了各种礼物，但张宁却说“送别行路之人必赠賮，只好笑纳”，说罢只收下了一张席子，其余的则分

녕은 1460년 3월 5일 한강을 유람하고 한강루, 즉 제천정에서 '등한강루'(登漢江樓) 10수(首)를 지었다고 전해진다. 조선의 성종도 이 시를 가장 좋다고 평가하기도 했다.

예과급사중(禮科給事中) 장녕은 1460년 조선에 흠차정사(欽差正使)로 왔는데 매우 모범적인 태도를 보였다는 이야기가 다양한 기록을 통해 남아 있다. 특히 장녕은 공식적인 물품 외에 별도로 제공되는 물건은 다수 거절하거나 조금만 받았는데, 조선에서 뇌물을 요구하는 여타 사신들과 다른 모습이었다.

또 문묘에서 알성(謁聖)한 장녕은 이전에 왔었던 사신들의 시를 보고 웃으면서 말하기를 "성인(聖人)의 문(門)에서는 감히 문자(文字)를 짓지 못하니, 나는 감히 짓지 않겠습니다."라고 하여 겸손함을 보이기도 했다.

명으로 돌아가던 중 장녕은 조선 측에서 여러 가지 선물을 했으나 "길 가는 사람에게 반드시 노자[贐]를 주시니 받지 않을 수 없습니다."라고 하며 자리(席) 1장만 받고, 나머지는 사신단에게 나누어 주었다. 그리고 뒤이어 "조선에 들어온 이래로 어진 왕께서 중국 조정을 공경하는 마음이 조금도 누그러지지 아니하시고, 여러 재상들이 모두 능히 국왕의 마음을 본받아 왕래하면서 배종하는 데 예의에 두루 흡족한 것을 보니, 이것이 깊은 정과 그윽한 생각을 시종 아쉽게 하는 까닭입니다. 다만 밤에 와서 술에 취하여 하직하니, 이별에 임하였을 때 만홀(慢忽)하여 기억하지 못하겠기에, 촛불을 더위잡고 몇 자 적어서 치사(致謝)하여 이릅니다. 오로지 마음만 환히 알아주시면 다행이겠습니다."라는 말을 전하기도 했다.

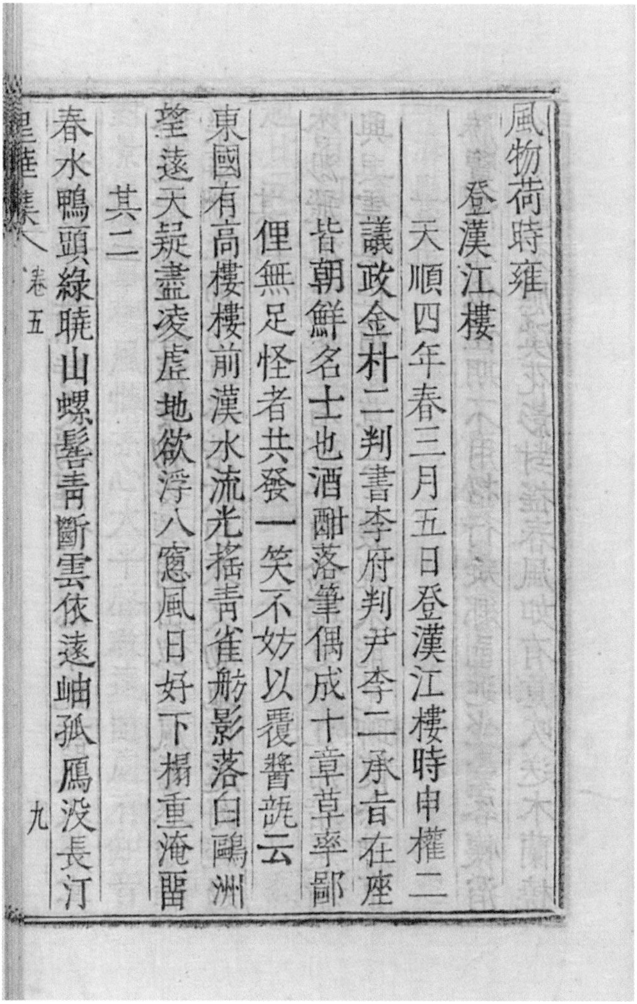

風物荷時雍

登漢江樓

天順四年春三月五日登漢江樓時申權二議政金朴二判書李府判尹李二承旨在座皆朝鮮名士也酒酣落筆偶成十章草率鄙俚無足怪者共發一笑不妨以覆醬瓿云

東國有高樓樓前漢水流光搖青雀舫影落白鷗洲
望遠天疑盡凌虛地欲浮八窻風日好下榻重淹畱

其二

春水鴨頭綠曉山螺髻青斷雲依遠岫孤鴈沒長汀

皇華集 卷五 九

『황화집』에 수록된 장녕의 「한강루에 올라」

张宁,〈登漢江樓〉,《皇华集》

장녕, 〈허정비폭〉(虛亭飛瀑),
종이에 채색, 109.8×38.1cm, 1468년,
미국 메트로폴리탄뮤지엄
张宁, 〈虚亭飞瀑〉, 纸张彩绘,
109.8×38.1cm, 1468年,
美国大都会艺术博物馆

장녕,〈세한삼우도〉
(歲寒三友圖), 종이에 금,
140.3×60.6cm,
대북고궁박물원
张宁,〈岁寒三友图〉,
纸张金箔, 140.3×0.6cm,
台北故宫博物院

장녕이 명으로 돌아간 뒤 28년이 지난 1488년, 제주도에서 배를 타고 나오던 최부(崔溥, 1454~1504년)가 13일을 대해(大海)에서 표류하고 중국 영파(寧波)에 표류했다. 영파에 표착(漂着)한 이후 최부에 대한 정부 보고 및 소문이 급속하게 퍼져서 조선과 인연 있는 이들의 방문과 선물이 이어지기도 했다.

최부가 항주(杭州)로 온다고 하자 장녕도 며칠을 기다렸지만 하루 차이로 만나지 못했는데, 최부는 장녕이 지은 「한강루에 올라」를 읊어 명나라 사람들을 놀라게 했으며, 이후 중국에서 선비로 존숭받게 되었다. 그 덕분에 136일 동안 중국 대륙을 종단해 조선으로 돌아왔는데, 제주도에서 출발했던 48명의 일행 모두 목숨을 잃지 않은 기적과 같은 일이 일어나기도 했다.

给了遣使团。接着张宁又称："自奉使朝鲜以来，国王陛下恭敬大明朝廷之心可鉴，诸位辅相深领王命馆伴尽礼，这种深情和熟虑是令在下难舍之因。只是如果宿醉辞别，难免慢忽失忆，不如秉烛借字致谢。万望体恤这份心意"。

张宁返回明朝28年后的1488年，从济州岛乘船过海的崔溥(1454～1504)经过13日的海上历险，漂流到了中国宁波。随后，关于崔溥的朝廷布告和消息迅速传开，与朝鲜有渊源的人士纷纷送上问候和膳物。

听闻崔溥要路经杭州，张宁等候了数日，但遗憾一日之差没有见成。崔溥吟诵了张宁的《登汉江楼》，令护送同行的明朝官员颇为惊叹，并因此被尊崇为儒生。得益于此，崔溥在纵贯中原大陆136天后重返朝鲜，与其一同从济州岛出发的48名随从全员生还，堪称奇迹。

首尔

③

중국 사신 주지번의 문화적 역할 : 〈명륜당〉 편액, 〈영은문〉 편액

中国使臣朱之蕃的文化影响: 〈明伦堂〉匾额、〈迎恩门〉匾额

조선에 왔던 중국의 사신들은 조선의 정치, 문화에 영향을 끼칠 수 있는 위치에 있었다. 예겸이나 장녕 등은 조선의 문화를 중국에 알리고 우호를 돈독히 하는 데 중요한 역할을 했다. 이 예겸이나 장녕보다 조선의 문화에 더 큰 영향을 준 인물이 바로 주지번(朱之蕃, 1575~1624년)이다.

주지번은 명의 문인서화가로 본적이 남경이기 때문에 '금릉'(金陵)이라고 호를 쓰거나 '난우'(蘭嵎)라고도 했다. 1595년 과거에서 장원을 했으며, 1605년 조선에 사신으로 다녀오기도 했으나 모친상을 당해 출사하지 않았다. 1622년에야 출사해 이부우시랑(吏部右侍郎), 남경한림원사(南京翰林院事) 등을 역임했지만 1624년에 사망했다. 주지번은 죽은 뒤 예부상서에 추증(追贈)되

遣使朝鲜的中原使臣曾身处可以影响朝鲜政治、文化的历史位置。倪谦和张宁等人在对明朝传播朝鲜文化，巩固两朝友好方面发挥了重要作用。然而相比倪谦和张宁，对朝鲜文化曾产生更大影响的人物当属朱之蕃(1575~1624)。

朱之蕃是明代文人书画家，祖籍南京，故而号称“金陵”，亦号兰嵎。1595年曾中科举状元，1605年曾奉命出使朝鲜，后以母丧，不复出仕。直到1622年才再次为官，历任吏部右侍郎、南京翰林院士等，1624年辞世，逝后被追封为礼部尚书。在南京，朱之蕃故居附近称“朱壮元巷”(南京市秦淮区水西门附近)。

1605年4月11日，为昭告皇孙诞生奉命出使朝鲜的朱之蕃抵达汉阳，结束公务后前往济川亭、汉江游览，原本既定17日返程，后延至19日。而后又在宣祖的极力劝说下于19日游览蚕头峰，20日启程返回。朱之蕃要求以诗文代替华丽礼物，展现了其儒生风范，并在短暂的十日内，留下了许多作品。

首先当属朱之蕃在出使朝鲜途中受托书写的成均馆〈明伦堂〉匾额。当时，在万历朝鲜战争期间被破坏的成均馆和文庙虽已修复，却一直未能寻得与建筑相匹配的大字书法作品，听闻朱之蕃笔法出众，便在其前来汉阳的途中请托得字并将其木刻后悬挂。现如今这幅〈明伦堂〉匾额依旧高悬，外观可见其字体十分端正。就连擅长书法的宣祖当年看后也不尽赞叹道：“书法毕矣”。

该匾额由大字笔法书“明伦堂”，右侧和左侧分别以小字笔法书“大明万历丙午孟夏之吉”和“赐进士及第翰林院修撰钦差正使金陵朱之蕃书”。

고, 남경에는 주지번의 집 인근을 '주장원항'[朱壯元巷, 남경시 진회구(秦淮區) 수서문(水西門) 부근]이라고 불렀다.

주지번은 황태손의 탄생을 알리기 위해 1605년 4월 11일 서울에 도착해 공무를 마치고 제천정, 한강 유람 등을 하고 17일에 출발하려던 것을 19일로 미루기도 했다. 그러나 선조가 잠두봉(蠶頭峯)을 유람하라고 강권하여 19일에 잠두봉을 유람하고 20일에 출발했다. 주지번은 화려한 예물은 사양하고 조선의 시문(詩文)을 요구해 선비다운 모습을 보였는데 열흘밖에 안 되는 짧은 시간 동안 매우 많은 작품을 남겼다.

가장 먼저 성균관의 〈명륜당〉(明倫堂) 편액은 주지번이 조선에 오는 길에 쓴 작품이다. 임진왜란으로 파괴된 성균관과 문묘가 복구되긴 했으나 건물에 걸맞은 큰 글씨를 쓰지 못하고 있던 중 주지번의 필법이 뛰어나다는 말을 듣고 서울로 오는 도중에 부탁해 글씨를 얻었으며, 이를 새겨서 걸었다. 현재도 이 〈명륜당〉 편액이 걸려 있는데 글씨가 매우 단정하다. 글씨를 잘 썼던 선조도 이를 보고 "글씨 쓰는 법이 극치에 이르렀다"(書法畢矣)고 평가했다.

큰 글씨로 '명륜당'이라고 쓰고, 오른쪽에 '大明萬曆丙午孟夏之吉', 왼쪽에 '賜進士及第翰林院修撰 欽差正使金陵朱之蕃書'라고 작은 글씨로 썼다.

중국에서 오는 사신들이 서울로 들어올 때 처음 맞이하는 문이 영은문(迎恩門)이다. 영은문의 문루는 사라지고 돌로 만든 장주초(長柱礎)만 남아 있으며, 독립문이 그 앞에 서 있다. 이곳은 원래 중국 사신이 머무는 모화관(慕華館)이 있던 곳으로 홍살문(紅箭門)

〈명륜당〉 편액, 주지번, 1605년, 서울 성균관 | 〈明伦堂〉匾额, 朱之蕃, 1605年, 首尔成均馆

이 있었는데, 1536년 대문을 세우고 '연조문'(延詔門)이라고 했다. 그러나 1539년에 온 명 사신 설정총(薛廷寵)이 말하기를, "맞이하는 것에는 조서도 있고 칙서도 있고 상(賞)도 있는데 연조문이라고만 하면 한쪽으로 치우친 듯하다."라며, '영은문'이라 써서 그것을 걸도록 했다고 한다.

독립문과 영은문의 초석 사진, 국립중앙박물관
迎恩门照片, 19世纪, 国立中央博物馆

中原使臣入汉阳时第一道迎接的门为“迎恩门”。如今，迎恩门的青瓦门楼已消失，仅剩石制的长柱礎，现有“独立门”矗立其前。历史上这里曾是接待中原使臣的馆舍-慕华馆所在之地，原有“红箭门”，1536年扩建大门并悬“延诏门”匾额。之后的1539年明朝使臣薛廷宠就该门名称提到：“所迎有诏、有敕、有赏赐，而名以‘延诏’，似偏矣！”于是题写“迎恩门”三字，挂于其上。

朱之蕃重题迎恩门匾额是在离开汉阳返回明朝的途中。根据记载，1606年6月3日伴送使柳根从朱之蕃那里收到了两幅迎恩门匾额和慕华馆匾额的字样。目前〈迎恩门〉匾额收藏于国立古宫博物馆。尽管经历岁月风雨后丹青多有褪去，但朱之蕃端正的书法字迹依旧清晰可见，匾额的左侧用小字笔体落款“钦差正使金陵朱之蕃书”。

朱之蕃在汉阳尽管只停留了十日，但他留下的文化印记却不胜枚举。如，杨花渡的石壁上写下“砥柱”、蚕头峰上写下“苍玉岩”这些用以石刻的字迹。据悉，许洞墓碑上‘殿前壮元及第许洞之墓”、尹宽墓碑上‘忠翊府都事三休子尹宽袝恭人崔氏之墓’、尹斗寿墓碑上的字迹都是朱之蕃所写。

此外，朱之蕃还品评了当时朝鲜的艺术家和作品。其对懒翁李桢(1578～1607年)的画作给出极高评价，赞称‘千古最盛稱之曰，海內罕儔也’并托李桢画了多幅山水画带回中原。除此以外，朱之蕃还对有着“朝鲜书法第一人”之称的韩濩(1543～1605年)字迹称赞道：“当与王右军(王羲之)、颜平原(颜真卿)相优劣”。

朱之蕃与许筠(1569～1618)也交情甚好，许筠长姐许兰雪轩

주지번은 서울을 떠나 중국으로 돌아가는 중에 이 영은문의 편액을 썼다. 1606년 6월 3일에 반송사(伴送使) 유근(柳根)이 주지번에게 영은문 편액 2건과 모화관 편액 글씨를 받았다고 했다. 현재 이 〈영은문〉 편액은 국립고궁박물관에 소장되어 있다. 오랜 세월 야외에서 풍우에 시달려 단청(丹青)이 많이 사라졌지만 단정한 주지번의 글씨는 선명하게 남아 있다. 왼쪽에 작은 글씨로 '欽差正使金陵朱之蕃書'라고 썼다.

서울에 주지번이 머문 기간은 10일에 불과했지만 그가 남긴 문화적 흔적은 헤아릴 수 없이 많다. 양화도(楊花渡)의 석벽에 '지주'(砥柱), 잠두봉에 '창옥암'(蒼玉岩)이라는 글씨를 써서 새기게 했다. 또 주지번은 허형(許泂)의 묘비에 '殿前壯元及第許泂之墓', 윤관(尹寬) 묘비에 '忠翊府都事三休子尹寬 祔恭人崔氏之墓'를 썼으며, 윤두수(尹斗壽)의 묘비도 그가 쓴 것으로 전해진다.

또 주지번은 당대 조선의 예술가와 작품을 품평하기도 했는데 나옹(懶翁) 이정(李楨, 1578~1607년)의 그림을 높이 평가하면서, '천고에 최고'라고 크게 칭찬하면서 "천하에 짝할 이가 없다"(千古最盛稱之曰, 海內罕儔也)라고 했다. 그리고 이정에게 산수화를 많이 그리게 해 가져갔다고 한다. 한국에서 명필의 대명사인 석봉(石峯) 한호(韓濩, 1543~1605년)의 글씨에 대해 "마땅히 왕우군(王右軍, 왕희지)·안평원(顔平原, 안진경)과 더불어 우열을 다툴 만하다."고 했다.

주지번은 허균(許筠, 1569~1618년)과도 친교가 있었는데 그의 누이 난설헌(蘭雪軒) 허씨(1563~1589년)의 시집(詩集)을 중국에서

주지번, 〈영은문〉 편액, 1605년, 국립고궁박물관

朱之蕃, 〈迎恩门〉匾额, 1605年, 国立古宫博物馆

간행하기도 했으며, 조선에서 사행을 마치고 돌아가는 중 벽제관(碧蹄館)에서 「난설헌시집서」(蘭雪軒詩集序)를 짓기도 했다.

주지번은 조선에 오면서 오망천(吳輞川)이라는 화가를 시켜 소경(小景) 20폭을 그리고, 글씨를 직접 쓴 뒤 《천고최성》(千古最盛)이라는 이름의 화첩을 만들었다. 그 화첩의 내용은 도원(桃源), 난정(蘭亭), 귀거래사(歸去來辭), 등왕각(滕王閣), 촉도난(蜀道難), 비파행(琵琶行), 악양루(岳陽樓), 추성부(秋聲賦), 전적벽(前赤壁) 등이다. 이 《천고최성》은 여러 차례 복본(複本)이 만들어져 현재 국립중앙박물관에 3본(本) 등 5본(本)이 전래되고 있다.

이처럼 주지번이 1605년 조선을 방문한 이래 그가 남긴 문화적 영향력은 현재까지 우리 주변 곳곳에 남아 있다. 주지번의 글씨와 행적이 칭송받았던 것은 그가 조선의 문화를 애호(愛好)하며 존중했기 때문이 아닐까 생각해 본다.

(1563~1589)的诗集由朱之蕃带回中原刊行，朝鲜使行结束后返程途中，朱之蕃在碧蹄馆撰写了《兰雪轩诗集序》。

朱之蕃来到朝鲜后，曾让画家吴㻧川作画20幅小景，并亲自题字制作了名为《千古最盛》的画帖。该画帖的内容包括桃源、兰亭、归去来辞、滕王阁、蜀道难、琵琶行、岳阳楼、秋声赋、前赤壁等。这贴《千古最盛》多次制作复本，目前包括国立中央博物馆收藏的三本在内共有五本流传于世。

如上所述，自1605年出使朝鲜以来，朱之蕃留下的文化印记时至今日还在我们身边产生影响。笔者认为，朱之蕃的字迹与行迹之所以受到称颂，应归因于他没有低估朝鲜的文化，而是心怀喜爱并给予尊重。

〈도원도〉, 《천고최성》, 조선 18세기,
윤득화(尹得和) 소장본, 국립중앙박물관
〈桃源图〉, 《千古最盛》, 朝鲜18世纪,
尹得和收藏本, 国立中央博物馆

首尔

④

조선과 중국을 오가는 사신들의 험난한 여행길 : 〈조천도〉, 〈항해연행도〉, 〈연행도〉

往来于中国和朝鲜的使臣们的艰险旅途
: 《朝天图》《航海朝天图》《燕行图》

조선이 명과 청에 보내는 사신은 절행(節行)으로 정조사(正朝使, 정월 초하루 새해를 축하하기 위한 사신), 성절사(聖節使, 중국 황제의 생일을 축하하는 사신), 천추사(千秋使, 중국 황태자의 생일을 축하하는 사신), 동지사(冬至使, 동지에 보내는 사신) 등을 정기적으로 파견했다. 그리고 특별한 일이 생겼을 때 보내는 별행(別行)이 있는데, 사은사(謝恩使, 중국에 답례하기 위한 사신), 진하사(進賀使, 중국 황실에 경사가 있을 때 보내는 사신), 주청사(奏請使, 조선에서 중국에 왕위 계승, 책봉, 무역 등의 일을 부탁하기 위한 사신) 등이 있었다.

朝鲜曾向明清两朝定期派遣正朝使(祝贺正月初一新年的使臣)、圣节使(祝贺中原皇帝生辰的使臣)、千秋使(祝贺中原皇太子生日的使臣)、冬至使(庆祝冬至的使臣)等'节行使'。此外，还有特殊事情发生时派遣的谢恩使、进贺使、奏请使等'别行使'。

进入现代，韩中两国自1992年建交以来，30年间往返两国的航班由最初的每周48班次发展到如今的每周1254班次。如今乘坐航班从韩国出发可以在几小时内到达中国全境，但在朝鲜时代，则要借助陆路和海路往返，从汉阳到燕京的1979厘(约780公里)路途需要走上数月。

从朝鲜遣使中原的使臣中甚至有不少人命丧途中，燕行路可谓是一次十分艰险的旅途。郑锡五(1691～1748年)曾任左议政，在领敦宁府事任上作为冬至兼谢恩使出使燕京，结果在十里堡(今北京市朝阳区)别世。据传说，郑锡五的魂灵曾找当时作为书状官一同出使的李彝章(1703～1764)，拜托他在返程途中每逢过江之时都要呼唤三次他的名字。李彝章于是每次跨过大江小河都会呼唤其名，而且每每会听到'吾在此'的回应，重返汉阳后，李彝章更听到一个声音说'多谢李公，吾回来了'，并顿觉肩膀如释重负。

艰险如陆路，海路使途也是要冒着使行船有可能沉没的巨大风险。1620年至1636年间，朝鲜派往明朝的使臣因后金占据辽东而不得已改走海路。1620年派遣的进香使、陈慰使等使臣一行在归国途中全部溺亡，在那之后也先后有四次使行船沉没，多人丧生。因此，人们多刻意避开出使日，或留下遗言踏上使行路，可见其路途之艰难。

코로나 이전 한국과 중국은 1992년 수교 이래 30년 만에 주 48회에서 주 1254회로 항공편이 늘어나 운행하고 있었다. 비행기를 이용하면 한국을 출발해 중국 전역을 몇 시간 만에 도착할 수 있지만, 조선시대에는 육로와 해로로 오가며, 서울에서 북경까지 1979리 약 780킬로미터에 이르는 거리를 수개월에 걸쳐 오가곤 했다.

조선에서 사신으로 중국에 보낸 사람 중에 도중에 사망한 이가 적지 않을 정도로 고된 여정이었다. 정석오(鄭錫五, 1691~1748년)는 좌의정을 지내고 영돈녕부사(領敦寧府事)로 동지겸사은사(冬至兼謝恩使)로 출행했다가 십리보(十里堡, 北京市朝陽區)에서 죽고 말았다. 이때 서장관(書狀官)으로 함께 갔던 이이장(李彝章, 1703~1764년)에게 정석오의 혼령이 찾아와 돌아가면서 강을 건널 때마다 자신의 이름을 세 번 불러달라고 부탁했다. 이이장은 크고 작은 물을 건너면서 정석오의 이름을 불렀고 그때마다 '나 여기 있네'라는 소리가 들렸으며, 서울에 도착하자 '이공 고맙소. 나 다 왔소.'라는 소리와 함께 어깨가 가벼워졌다는 전설이 있을 정도이다.

육로 사행 못지않게 해로 사행은 사행선 침몰이라는 큰 위험이 있었다. 1620년부터 1636년까지 조선에서 명으로 보낸 사신은 후금이 요동을 장악하고 있어서 해로를 이용했다. 1620년 진향사(進香使), 진위사(陳慰使)로 파견한 사신 일행은 귀국길에 모두 익사했다. 이후로도 4차례 사행선이 침몰해 수많은 사람들이 죽었으니, 사람들이 사행을 피하려고 하거나, 유언을 남기고 사행에 오르기도 했을 정도로 험난한 노정이었다.

如此艰难往返于朝鲜与明清间的使臣们仍为后世留下了诗文，留编〈皇华录〉。朝鲜的使臣们还留下了〈朝天录〉、〈燕行录〉等使行记录。此外，记录使行况貌的〈朝天图〉、〈航海朝天图〉、〈燕行图〉等作品也流传于世。

〈朝天图〉和〈航海朝天图〉是描绘1624年谢恩兼奏请使正使李德洞(1566～1645)和副使吴翻(1592～1634)、书状官洪翼汉(1586～1637)等人使行况貌的图画。当时，吴翻膝下无子，他在过继了侄子吴斗寅为养子后才踏上燕行路。结束出使后，这三人为了纪念此行并对日后出使之人有所帮助，绘编了该画册并被多次重新描绘。

该画册描绘的是一行人从郭山宣沙浦(旋槎浦)出发，途经辽东半岛沿岸的长山岛、渤海海峡的庙道后登陆登州(现蓬莱市)，行陆路经莱州、青州、济南、德州、景州、涿州后抵达燕京的旅途况貌。

〈朝天图 · 石城岛〉描绘的是途径辽东半岛沿岸石城岛附近时的场景，图中可见远处天空中绘有黄龙，海中有大鱼一对。据李德洞〈朝天录〉中记载，石城岛附近金色天空下上下闪耀之貌是船夫所说的“黄龙升空”，广鹿岛附近广袤海面上喷沫吐雾的巨物实为一对巨鲸。

在〈青州府〉中，描绘了青州城外的齐景公墓、齐宣王墓、齐桓公墓、管仲墓等中原历代人物的墓地。

此外，画册中还绘有范仲淹(989～1052)学习之地‘范文正读书处’、鲍叔牙故乡‘鲍叔牙原’、刘备掌管之地，颜真卿祠堂、董仲

이렇게 어렵게 조선과 명청을 오간 사신들은 시문을 남겨 『황화록』(皇華錄)을 편찬하기도 하고, 조선의 사신들은 『조천록』(朝天錄), 『연행록』(燕行錄) 등 사행기록을 남기기도 했다. 더불어 사행의 모습을 그린 《조천도》(朝天圖), 《항해조천도》(航海朝天圖), 《연행도》(燕行圖) 등의 작품들이 전해진다.

이 《조천도》와 《항해조천도》는 1624년 사은겸주청사(謝恩兼奏請使)로 정사(正使) 이덕형(李德泂, 1566~1645년), 부사(副使) 오숙(吳䎘, 1592~1634년), 서장관 홍익한(洪翼漢, 1586~1637년) 등의 사행을 그린 것이다. 이때 오숙은 아들이 없었는데 조카인 오두인(吳斗寅)을 양자로 들이고 사행길에 오르기도 했다. 사행을 마치고 이 세 사람은 사행을 기념하고, 이후 다른 사람들의 사행에 도움이 되고자 화첩을 그렸으며, 여러 번 다시 그려졌다.

곽산(郭山) 선사포(宣沙浦, 旋槎浦)를 출발해 요동반도 연안의 장산도(長山島), 발해 해협의 묘도(廟道)를 지나 등주(登州, 현재 蓬萊市)로 상륙하여 육로로 내주(萊州), 청주(靑州), 제남(濟南), 덕주(德州), 경주(景州), 탁주(涿州)를 거쳐 북경에 도착하는 모습이 이 화첩에 그려져 있다.

《조천도》 〈석성도〉(石城島)는 요동반도 연안의 석성도 인근을 지나는 모습을 그린 것으로, 먼 하늘에 황룡이 있고, 바다 속에 큰 물고기 두 마리가 솟아 있다. 이덕형의 『조천록』에 따르면 석성도 인근에서 금빛 하늘이 위아래 번쩍이는 현상을 뱃사공은 황룡이 하늘로 올라간다고 했다고 기록했다. 또 광록도(廣鹿島) 인근에서 큰 바다 생물이 등장해 물을 뿜어 운무를 만드는데, 이것은 거

〈석성도〉,《조천도》, 18세기, 지본담채(紙本淡彩), 40×68cm, 국립중앙박물관
〈石城岛〉,〈朝天图〉, 18世纪, 纸本淡彩, 40×68cm, 国立中央博物馆

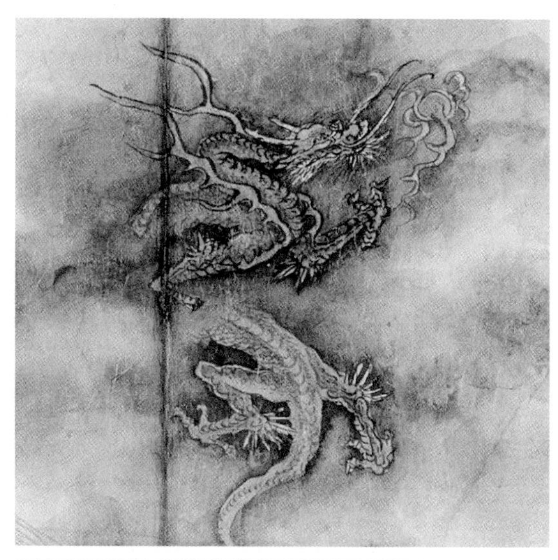

廣鹿島
長山島

鹿島
中國地方
石城島

《조천도》에 그려진 여러 명소, 18세기, 지본담채, 40×68cm, 국립중앙박물관

〈青州府〉,《朝天图》,18世纪,纸本淡彩,40×68cm,国立中央博物馆

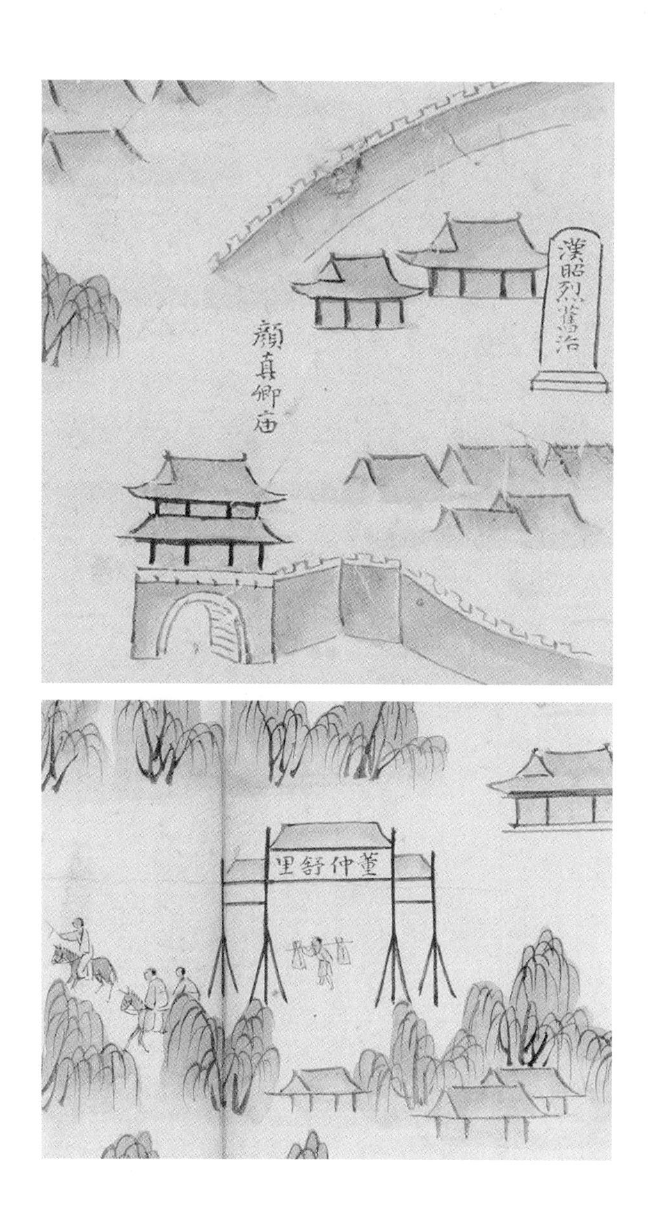

대한 두 마리의 고래였다고 한다.

〈청주부〉(靑州府)에서는 청주성 밖에 제경공묘(齊景公墓), 제선왕묘(齊宣王墓), 제환공묘(齊桓公墓), 관중묘(管仲墓) 등 중국 역대 인물들의 묘소가 그려져 있다.

이 밖에도 범중엄(范仲淹, 989~1052년)이 공부한 곳인 '범문정독서처'(范文正讀書處), 포숙아(鮑叔牙)의 고향인 '포숙아원'(鮑叔牙原), 유비가 다스린 곳이자 안진경(顔眞卿)의 사당, 동중서(董仲舒)의 고향 등이 그려져 있으며, 『조천록』을 통해 이들이 이곳을 지나면서 겪은 소회를 읽을 수 있다.

청이 중국을 통일한 이후 조선은 다시 육로를 통해 북경으로 사신을 보내게 되는데, 이때 그려진 많은 작품이 전래되고 있다. 강세황(姜世晃, 1713~1791년)은 1784년 10월부터 1785년 2월까지 진하사은겸동지사(進賀謝恩兼冬至使)의 부사로서 정사 이휘지(李徽之, 1715~1785년), 서장관 이태영(李泰永, 1744~1803년)과 함께 북경을 다녀왔다. 문인 화가였던 강세황은 《사로삼기첩》(槎路三奇帖), 《영대기관첩》(瀛臺奇觀帖) 등에 그림을 그리고 이휘지 등이 시를 쓴 시화첩을 제작했다.

이 중 《영대기관첩》에 그려진 〈영대빙희〉(瀛臺氷戱)는 북경 태액지(太液池)의 중해(中海)에서 1784년 12월 21일 건륭제와 여러 나라의 사신들이 빙희(氷戱, 冰嬉)를 관람하는 모습을 그린 것이다. 《사로삼기첩》의 〈서산누각〉(西山樓閣)은 이화원의 옛 모습을 그렸다. 강세황은 몰골법(沒骨法)으로 먹의 농담(濃淡)만을 이용해 겨울 북경의 정취를 담아냈는데, 당대 예원종장(藝苑宗匠)으로

강세황, 〈영대빙희〉, 《영대기관첩》, 지본수묵, 23.3×13.7cm, 국립중앙박물관

姜世晃, 〈瀛台氷戏〉, 《瀛台奇观帖》, 纸本水墨, 23.3×13.7cm, 国立中央博物馆

불리던 강세황의 남종문인화풍(南宗文人畵風) 대표작이라고 할 수 있다.

17세기 초 〈조천도〉는 목숨 걸고 다녀온 사행을 기념하고, 후배들의 길잡이가 되고자 그렸다. 18세기에는 수많은 연행기(燕行記)가 지어지고, 연행 문학이라는 분야가 생길 정도로 중국 문화를 우리식으로 해석하고 연행도를 그린 조선시대 사람들의 모습을 살펴볼 수 있다.

강세황, 〈서산누각〉《사로삼기첩》, 지본수묵, 23.3×13.4cm, 국립중앙박물관
姜世晃, 〈西山楼阁〉, 《槎路三奇帖》, 纸本水墨, 23.3×13.4cm, 国立中央博物馆

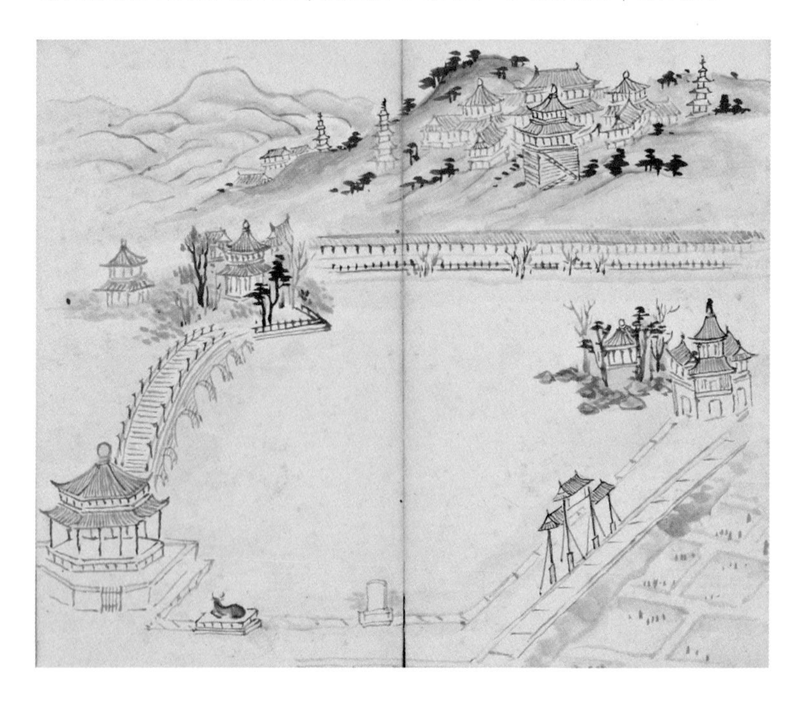

舒故乡等地。通过〈朝天录〉，可以窥见当时使臣们经过这些地方时的心境。

清朝统一中原后，朝鲜再度通过陆路向燕京派遣使臣，这一时期所绘流传于世的作品数量较多。姜世晃(1713～1791)作为进贺谢恩兼冬至使副使，于1784年10月至1785年2月与正使李徽之(1715～1785)、书状官李泰永(1744～1803)一同出使燕京。途中文人画士姜世晃作画，李徽之等人作诗，创作了〈槎路三奇帖〉、〈瀛台奇观帖〉等诗画帖作品。

其中,〈瀛台奇观帖〉中的〈瀛台冰戏〉描绘的是1784年12月21日乾隆帝与众国使臣在燕京太液池中海观赏冰嬉的场景。〈槎路三奇帖〉的〈西山楼阁〉描绘的则是颐和园旧貌。姜世晃以'没骨法'直接用色彩浓淡勾勒出了冬日燕京的情趣，可谓是体现'藝苑宗匠'姜世晃南宗文人画风的代表之作。

17世纪初的〈朝天图〉乃为纪念冒死出使并为后继使臣提供指引而创作。到了18世纪，有数目众多的燕行记被创作，甚至形成新的'燕行文学'，将中原文化以朝鲜时代的方式诠释并配描燕行图。

首尔

⑤

사신 행차를 그린 청과 조선 화가들의 합작품:《봉사도》

画有使臣出行的清朝和朝鲜画家合作品:《奉使图》

조선시대에 여러 차례 중국의 사신들이 다녀갔지만 조선의 모습을 그린 것은 《봉사도》(奉使圖)가 유일하다. 《봉사도》는 청나라의 사신 아극돈(阿克敦, 1685~1756년)이 제4차 조선 사행 때 그리게 한 것이다. 아극돈은 1717년 9월, 1717년 12월, 1722년, 1724년 총 4회 조선에 사신으로 왔다. 1724년 아극돈은 경종의 승하로 인한 조부사제(弔賻賜祭) 및 영조 책봉을 위해 조선에 왔다.

아극돈은 1725년 3월 조선으로 오면서 조선에 여러 건의 그림을 요구했다. 그 목록을 보면 산수(山水) 8, 방외도(方外圖) 1, 승도사관어도(僧道寺觀漁圖) 1, 강하주즙초도(江河舟楫樵圖) 1, 산청임목경도(山川林木耕圖) 1, 수전우견남부소아독도(水田牛犬男婦小

朝鲜时代，曾多次有中国使臣来访，但唯一描绘朝鲜王朝的画作是《奉使图》。《奉使图》是清朝使臣阿克敦(1685~1756年)在第四次朝鲜使行时创作的。阿克敦于1717年9月、1717年12月、1722年、1724年共4次作为使臣来到朝鲜。1724年，阿克敦为景宗升迁的弔賻赐祭和及册封英祖而来到朝鲜。

1725年3月，阿克顿来到朝鲜时，向朝鲜要了多幅画。从其目录来看，有山水8、方外图1、僧道寺观渔图1、江河舟楫樵图1、山川林木耕图1、水田牛犬男妇部小儿读图1、屋舍、花木、文

정여, 〈아극돈 초상〉, 《봉사도》 제1폭, 1724년, 중국민족도서관

郑璵, 〈阿克敦肖像〉, 《奉使图》第1幅, 1724年, 中国民族图书馆

兒讀圖) 1, 옥사(屋舍), 화목(花木), 문인복제(文人服制) 등이 있다. 《봉사도》의 20점 그림 중 상당수가 이 그림 목록에 들어 있다.

이것은 《봉사도》가 해녕(浙江省 杭州府 海寧縣) 출신의 화가 정여(鄭璵)가 그렸다는 관지(款識)가 있으나, 정여가 아극돈을 수행해 조선에 와서 직접 보고 그린 것이 아니라 조선에서 그려 준 그림을 정여가 다시 그린 것으로 볼 수 있다. 그래서 《봉사도》의 그림들은 완전히 중국 화풍이 아닌 조선 화풍도 섞여 있다.

《봉사도》의 전체 산수, 초목, 가옥 등은 완전히 중국 화풍이며, 인물의 형태와 복식 등은 조선 화풍과 매우 유사하다. 정여가 조선에 사행길을 오가며 직접 그리지 못했기 때문에 조선에서 그려 준 그림들을 참고한 결과로 보인다. 그래서 산수 등은 정여가 익숙한 중국 화풍, 인물 형태 등은 조선의 그림을 잘 반영했으며, 사실상 청과 조선 화가들의 합작품이라고 생각할 수 있다.

《봉사도》는 다양한 조선의 풍속이 그려져 있는데 제7폭의 잡희도소(雜戲導蕭)는 줄타기와 산대(山臺)놀이 장면이 그려져 있다. 산대는 큰 수레 위에 가산(假山)을 만들고 그 위에서 여러 가지 공연을 한 것인데, 수레에 바퀴가 달려 있고 사람들이 뒤에서 밀고 있으며, 가산에는 다양한 놀이 모습이 그려져 있다.

《봉사도》에는 조선의 외교 의례가 여러 폭 그려져 있는데 제14폭 모화관첨배(慕華館瞻拜), 제15폭 청도영천사(淸道迎天使), 제16폭 편전승계(便殿升階), 제18폭 해진산과(海珍山果) 등이다. 여기에는 당시 국왕이었던 영조가 다양한 모습으로 그려져 있다. 조선에서는 국왕의 초상은 그리지만 일상의 모습은 그리지 않는 것이

人服制等。《奉使图》的20幅画中，绝大多数都包含在这目录中。

《奉使图》虽有海宁(浙江省杭州府海宁县)出身画家郑璵的款识，但并不是郑璵随同阿克顿来到朝鲜后亲自观看并绘制的，而是郑璵根据朝鲜画作所作。所以《奉使图》的画作不完全是中国画风，还夹杂着朝鲜画风。

《奉使图》的整体山水、草木、房屋等完全是中国画风，人物形态和服饰等与朝鲜画风非常相似。 因为郑璵虽往返于朝鲜，但未能亲自画出全部内容，所以部分内容参考了朝鲜画家的画作。因此，山水等反映了郑璵所熟悉的中国画风，而人物形态等则很好地反映了朝鲜的画风。 因此实际上我们可以认为这是清朝和朝鲜画家的合作作品。

《奉使图》画有多种朝鲜风俗，第7幅《杂羲陶萧》画有走钢丝和山台游戏的场面。山台是在大车上搭建假山，并在上面进行各种表演，而车设有轮子，人们从后面推车，假山上则进行着各种游戏。

《奉使图》中有多幅表现朝鲜外交礼仪的内容，包括第14幅慕华馆瞻拜、第15幅清道迎天使、第16幅便殿继承、第18幅海珍山果等。

这里画着当时国王英祖的各种形象。朝鲜虽然画国王的肖像，但传统上不画国王日常的样子，因此在朝鲜的画作中无法看到。更何况，该作品是唯一一幅表现与清朝进行外交活动的朝鲜国王的画作。

전통이었기 때문에 이 같은 조선 국왕의 모습을 회화(繪畫)에서 볼 수 없었다. 더욱이 청과의 외교 의례에 임하는 조선 국왕의 모습은 이 작품이 유일하다.

정여, 〈잡희도소〉, 《봉사도》 제6폭, 1724년, 중국민족도서관

郑璵, 〈杂義陶萧〉, 《奉使图》第6幅, 1724年, 中国民族图书馆

정여, 〈모화관첨배〉, 《봉사도》 제14폭, 1724년, 중국민족도서관
郑璵, 〈慕华馆瞻拜〉, 《奉使图》第14幅, 1724年, 中国民族图书馆

정여, 〈해진산과〉, 《봉사도》 제18폭, 1724년, 중국민족도서관
郑璵, 〈海珍山果〉, 《奉使图》第14幅, 1724年, 中国民族图书馆

幾番雜戲導前來簫鼓聲中響
似雷忽到馬頭還豎立一人舞
蹈笑顔開 行時衆戲並進一人作舞蹈狀向人笑語
克敦

首尔

⑥

사행길을 따라온 백송

随使行路而来的白松

푸른 하늘 아래 희고 굵은 수피(樹皮)의 백송(白松)은 마치 백룡이 승천하는 모습을 보는 것 같다. 한국에서 200년 이상 된 백송은 천연기념물로 지정하고 국가에서 관리하는데, 백송이 한국에서 무척 희귀한 나무이기 때문이다.

중국 북경 계대사(戒台寺)는 계단(戒壇)과 더불어 1300여 년을 살아온 구룡송(九龍松)이라는 이름의 백송이 있다. 높이 18미터, 둘레 68미터의 이 거대한 백송은 용 아홉 마리가 솟아오르는 듯한 모습을 하고 있으며, 세계에서 가장 오래된 백송이라고 한다. 북경에서는 계대사 말고도 곳곳에서 고목 백송을 찾을 수 있는데, 조선의 사신들은 이 모습을 보고 매우 놀라워하며 조선에 옮겨 심으려 노력했던 것으로 보인다.

蓝天下，厚实的白松有着白白的树皮，看上去如白龙升天一般。200年以上树龄的白松在韩国非常罕见，所以被指定为天然纪念物并由国家管理。

中国北京戒台寺有一颗与戒坛一起生活了1300多年的名为九龙松的白松。高18米、周长68米的这颗巨型白松，形似九条龙腾飞，是世界上最古老的白松。在北京，除了戒台寺以外，到处都可以找到古树白松，朝鲜的使臣们看到这一景象后非常惊讶，并想将其移植到朝鲜。

因此，首尔有六棵韩国天然纪念物白松。两棵是“首尔斋洞白松”(天然纪念物第8号)、“首尔曹溪寺白松”(天然纪念物第9号)，还

서울 재동 백송, 천연기념물 제8호, 수령 500~600년, 서울 종로구 재동 헌법재판소
首尔斋洞白松, 天然纪念物第8号, 树龄5,600年, 首尔钟路区斋洞宪法裁判所

그래서 서울에는 한국의 천연기념물 백송 6그루 중 2그루인 〈서울 재동 백송〉(천연기념물 제8호), 〈서울 조계사 백송〉(천연기념물 제9호)과 현재는 사라진 4그루 〈서울 통의동의 백송〉(천연기념물 제4호), 〈서울 내자동의 백송〉(천연기념물 제5호), 〈서울 원효로의 백송〉(천연기념물 제6호), 〈서울 회현동의 백송〉(천연기념물 제7호) 등이 있었다.

조선의 사신들은 요동과 북경 등 사행길 중간에 백송을 보면 감회를 남기기도 하고, 종자를 얻어 오기도 했다. 그중에 백간점(白澗店, 白澗鎮, 현재 天津市薊州區)의 향화암(香火庵)은 향화암(香花庵), 향림사(香林寺), 니고암(尼姑庵) 등의 이름으로 불렸는데 이곳의 백송을 으뜸으로 여겼다.

황재(黃梓, 1689~1756년)는 1734년에 중국을 다녀오면서 향화암에 들러 '뜰 가운데에 소나무 두 그루가 있는데 높이는 5, 6장 정도였고 푸른 솔잎이 무성한데 흰 줄기는 꼿꼿하고 반듯하니 매우 신기하였다. 내가 손으로 소나무 껍질을 벗겨 보니 속은 더욱 하얬다. 이것이 소위 강남송(江南松)이다. 듣기에 역관 이후강(李後絳, 1642~?년)이 솔방울을 가져다가 심어 길렀는데 이 소나무와 똑같다고 하니 돌아가서 물어봐야겠다.'라는 기록을 남겨 놓았다.

원재명(元在明, 1763~1817년)은 향화암에서 백송의 솔방울을 가지고 조선에 돌아가 정원에 심어 보려고 했는데, 하인이 그 모습을 보고 예전에 주워가서 조선에 심은 경우가 있었지만 하나도 자라지 못했다고 했다.

박제가(朴齊家, 1750~1805년)도 향화암에서 백송의 종자를 얻

还有已经消失的四棵，“首尔通义洞白松”(天然纪念物第4号)、“首尔内资洞白松”(天然纪念物第5号)、“首尔元晓路白松”(天然纪念物第6号)、“首尔会贤洞路白松”(天然纪念物第7号)。

朝鲜使者在辽东、北京等使行途中看到一棵白松树，留下了深刻的印象，甚至得到了树种。其中白涧店的香火庵(今天津市蓟州区)又被称为香花庵、香林寺、尼姑庵，那里的白松为上品。

曾有记录，黄宰(1689～1756)1734年访问中国，路过香火庵，说：“园中有两株松树，高约五、六丈。太神奇了。”当我用手剥松树皮时，里面更白了。 这就是所谓的江南松。 听说译官李后绦(1642~?)拿了松果种来种，他们说和这松树是一样的，我回去问问。”

元宰明(1763-1817)从香火庵拿了白松果，回到朝鲜打算种植在花园里，但一个仆人看到了说以前也有捡回来种在朝鲜的情况，但都没有长大。

朴齐家(1750~1805)也写了一首诗说想从香火庵获得白松树种并为此作诗。朴允默（1771~1849)也作诗赞叹位于自家云风轩南院的白松的美丽模样。

今天我们想知道韩国白松中从香火庵中带回来的白松是什么样子，但遗憾的是，现在香火庵已经消失得无影无踪。

香火庵以香林寺之名在中国流传，香林寺是位于天津市盘山东侧的寺庙，建于东汉末期，唐代修缮，明正统年间重新修缮。在清朝智朴和尚创作的《盘山志》中提到，香林寺是盘山多个寺庙中的其中之一。

이의양, 〈반산〉,
《이신원사생첩》(李信園寫生帖),
19세기, 간송미술관
李义养,〈盘山〉,《李信园写生帖》,
19世纪, 涧松美术馆

으려고 했다며 시를 지어 남기기도 했고, 박윤묵(朴允默, 1771~1849년)은 자신의 집인 운풍헌(雲風軒) 남쪽 마당에 있는 백송의 아름다운 모습을 찬탄하는 백송찬(白松贊)을 짓기도 했다.

우리나라에 있는 백송 중에 향화암에서 가져온 백송은 어떤 나무일까 궁금하지만 아쉽게도 현재 향화암은 사라지고 없다. 향화암은 향림사라는 이름으로 중국에 기록이 남아 있는데, 향림사는 천진시 반산(盤山) 동쪽에 있던 사찰로서 동한(東漢) 말기에 건립되어, 당대에 수리되고, 명 정통(正統) 연간에 다시 수리되었다고 한다. 청 지박화상(智朴和尚)이 지은 『반산지』(盤山志)에는 향림사가 반산의 여러 사묘(寺廟) 가운데 하나였다고 했다.

화원화가(畵員畵家)인 이의양(李義養, 1768~?년)은 중국에 다녀오면서 반산을 그림으로 남겼는데, 조선 화가가 반산을 그린 현존하는 유일한 그림이다. 이 그림 속 반산에는 여러 사찰들이 그려져 있는데 이 중에 향림사가 있었을 것이다. 이의양이 반산을 그린 것은 아마도 향림사의 백송 때문이 아니었을까 한다.

画员画家李义养(1768~?)从中国回来后画了盘山，这是现存唯一一幅由朝鲜画家所绘的盘山画作。这幅画中的盘山上有许多寺庙，其中应该有香林寺，我们可以猜想李义养画盘山也许正是因为香林寺的白松吧!

首尔

⑦

추사 김정희와 유희해의 우정 : 〈백석신군비〉와 〈명선〉

秋史金正喜和刘喜海的友谊: 〈白石神君碑〉与〈茗禅〉

한국과 중국 문화 교류의 표상이라고 하면 추사(秋史) 김정희(金正喜, 1786~1856년)와 옹방강(翁方綱, 1733~1818년), 완원(阮元) 등 청의 여러 금석학자들을 꼽을 수 있다. 추사와 교류했던 청의 금석학자들 중에서 한국과 매우 밀접한 인물이 유희해(劉喜海, 1793~1852년)이다.

유희해는 금석학자, 고천학자(古泉學者)이자 장서가로 산동 제성(諸城) 사람이며, 추사가 존경한 서예가이자 학자인 유용(劉墉)이 그의 작은할아버지다. 그는 섬서, 사천 등지의 관직에 있으면서 주대(周代) 동기(銅器), 진(秦)의 조판(詔板), 한(漢)의 봉니(封泥), 옛 동전과 탁본들을 수집한 양이 이전에 없을 정도였다. 이를 바탕으로 『금석원』(金石苑), 『고천원』(古泉苑)을 저술했다. 추

提到韩中文化交流的典范，当属秋史金正喜与翁方纲、阮元等清朝多位金石学者。在与秋史交流的清代金石学者中，与韩国关系十分紧密的人物为刘喜海(1793~1852年)。

刘喜海是金石学者、古泉学者和藏书家，山东诸城人，秋史尊敬的书法家兼学者刘墉为其叔祖。刘喜海曾在陕西、四川等地为官，大量收藏了周代铜器、秦代诏板、汉代封泥及古铜钱和拓本等。在此基础上，刘喜海著述了〈金石苑〉、〈古泉苑〉等。其还在与秋史和赵寅永(1752～1850)等人的交往中收集朝鲜金石文，并编撰了〈海東金石苑〉。

〈海东金石苑〉是将朝鲜金石文编撰成书的最早典例，其中收录了首尔北汉山的真兴王巡狩碑等内容。赵寅永于1816年作为遣使启程前往燕京，与刘喜海结下友情，赵寅永收集朝鲜金石文拓本97种，编撰了名为〈海东金石攷〉的目录集，并将该书寄给刘喜海。刘喜海则在此基础上撰写了〈海东金石苑〉。

刘喜海与秋史也有着深入交流。秋史于1829年将其弟子-汉译官李尚迪介绍给刘喜海。1830年，刘喜海向秋史胞弟金命喜拜托，请其寄来朝鲜的古碑拓本，并寄去了多份中原的石碑拓本。秋史向其寄去书有‘小丹林’的匾额，刘喜海则寄来了白石神君碑拓本作为回礼，并转交了阮元编撰的《黄清经解》1400册。1831年，李尚迪携《黄清经解》返回朝鲜，秋史则向刘喜海赠送了妙香山普贤寺之记碑拓本作为回赠。

在秋史和刘喜海的交流过程中诞生的作品便是《茗禅》。以大字体书于115厘米长纸上的这两字意为“饮茶入禅定”。该作品是

사와 조인영(趙寅永, 1752~1850년) 등과 교류하며 수집한 한국 금석문으로 『해동금석원』(海東金石苑)을 편찬하기도 했다.

『해동금석원』은 우리나라 금석문이 서적으로 편찬된 최초의 사례이며, 여기에는 서울 북한산의 진흥왕순수비(眞興王巡狩碑) 등의 내용이 실려 있다. 조인영은 1816년에 사신행차로 북경에 갔다가 유희해와 친교를 맺었다. 조인영은 우리나라 금석문 탁본 97종을 모아 『해동금석고』(海東金石攷)라는 목록집을 편찬했는데 이 책을 유희해에게 보냈고, 유희해는 이를 바탕으로 『해동금석원』을 편찬했다.

유희해는 추사와 깊이 교류했는데 추사는 1829년 자신의 제자인 한역관(漢譯官) 이상적(李尙迪)을 유희해에게 소개했으며, 1830년 유희해는 추사의 동생 김명희(金命喜)에게 조선의 고비(古碑) 탁본을 보내 달라고 하며, 자신도 중국의 비석 탁본을 다수 보냈다. 추사가 '소단림'(小丹林)이라는 편액을 써서 보냈는데 그에 대한 보답으로 〈백석신군비〉(白石神君碑) 탁본을 보내왔다. 또 완원이 편찬한 『황청경해』(黃淸經解) 1400권을 전해 주기도 했다. 『황청경해』는 1831년 이상적이 가지고 조선으로 왔으며, 이에 대한 보답으로 추사는 유희해에게 묘향산 〈보현사지기비〉(妙香山普賢寺之記碑) 탁본을 기증했다.

추사와 유희해의 교류 속에서 탄생한 작품이 〈명선〉(茗禪)이다. 115센티미터 길이의 큰 종이에 쓴 이 두 글자는 '차를 마시며 선정(禪定)에 들다'라는 뜻이다. 추사가 50세 되는 1835년경에 쓴 글씨로 초의(草衣) 의순(意恂, 1786~1866년)에게 써서 보낸 작품이다.

추사 김정희 초상
秋史金正喜肖像

유희해 초상
刘喜海肖像

'명선'이라는 큰 글씨 좌우에 방서(傍書)로 "초의가 스스로 만든 차를 보내왔는데, 몽정(蒙頂)과 노아(露芽)에 덜하지 않다. 이를 써서 보답하는데, 〈백석신군비〉의 필의(筆意, 쓰는 뜻)로 쓴다. 병거사(病居士)가 예서(隸書)로 쓰다"(草衣寄來自製茗, 不減蒙頂露芽. 書此爲報, 用白石神君碑意. 病居士隸)라고 되어 있다.

추사는 중국에서 용단승설(龍團勝雪) 등의 명차를 마셔 본 뒤 조선에 와서 이에 버금가는 차를 만드는 초의선사(禪師)를 만났다. 초의선사의 차는 중국의 어떤 명차에 뒤지지 않는다고 칭송할 만큼 추사의 마음에 들었던 것 같다. 그래서 〈백석신군비〉의 필의로 이 작품을 써서 초의에게 선물한 것이다.

〈백석신군비〉는 183년에 건립된 비석으로 현재 하북성 원씨현(元氏縣) 봉룡산(封龍山) 남록(南麓) 봉룡서원(封龍書院) 한비당(漢碑堂)에 소장되어 있다. 이 비석의 글씨는 짜임이 방정(方整)하고, 용필(用筆)이 굳세고 튼튼하며(勁健) 을영비(乙瑛碑), 조전비(曹全碑)와 어깨를 나란히 하는 명비(名碑)이다.

인터넷에 떠도는 〈백석신군비〉 탁본에는 큰 도장이 찍혀 있는데 여기에는 '동무 유희해 연정씨 심정금석문자지기'(東武 劉喜海 燕庭氏 審定金石文字之記)라고 새겨져 있어서 유희해의 소장 탁본이었음을 알 수 있다. 아마도 이와 같은 탁본을 추사에게 보낸 것으로 보인다.

추사의 글씨는 중국의 수많은 명비, 묵적(墨蹟)을 연구해 만들어진 결과물인데 유희해를 비롯한 수많은 중국 친구들의 응원으로 이루어졌다고 할 수 있다.

秋史在1835年左右50岁时写下的书迹，是赠给草衣意恂(1786～1866)的作品。

在“茗禅”两个大字左右两侧以傍书题有：“草衣寄來自製茗，不減蒙頂露芽.書此爲報，用白石神君碑意.病居士隸書)”字样。

秋史在中原饮过龙团胜雪等名茶，返回朝鲜后遂与可制佳茗的草衣禅师见面。草衣禅师的茶令秋史赞叹不输中原名茶，十分合其心意。于是秋史用〈白石神君碑〉意写下该作品，赠送给草衣禅师。

〈白石神君碑〉是183年立成的石碑，现收藏于河北省元氏县封龙山南麓封龙书院汉碑堂。该石碑字体结构方正、用笔硬朗劲健，是与乙瑛碑、曹全碑比肩齐名的名碑。

网上流传的〈白石神君碑〉拓本上盖有大印章，上面刻有‘东武刘喜海燕庭氏审定金石文字之记’，由此可见是刘喜海的收藏拓本，寄给秋史的应该是这种拓本。

秋史书法是在研究汲取中原众多名碑和墨迹后自成一体，也可以说是在刘喜海等众多中国朋友的支持下形成的。

김정희, 〈명선〉, 1835년, 지본묵서, 115.2×57.8cm, 간송미술관

金正喜, 〈茗禅〉, 1835年, 纸本墨书, 115.2×57.8cm, 涧松美术馆

백석신군비 탁본, 유희해 소장본

白石神君碑拓本, 刘喜海收藏本

首尔

8

글씨를 사랑하는 이들의 인연이 겹겹이 쌓이다 : 당 태종 글씨 집자비

书法爱好者的深厚情缘: 唐太宗书迹集字碑

중국 문화권에서는 옛 사람들의 좋은 글씨를 모아서 여러 조형물을 만드는 것을 '집자'(集字)라고 하며, 집자한 비석을 '집자비'(集字碑)라고 한다. 현대의 디지털 문화가 없던 시기 옛 사람의 글씨를 모아 비석을 세운다는 것은 엄청난 노력이 필요한 일이었다. 한국에 당 태종의 글씨를 집자한 비석이 존재한다는 것은 잘 알려지지 않은 사실이다.

당 태종(太宗, 599~649년)은 중국 역사상 가장 뛰어난 황제로 평가되며, 그의 치세가 아름다워 '정관지치'(貞觀之治)라고 불리기도 한다. 치세의 업적으로 잘 알려진 당 태종은 문예(文藝)에도 관심이 많아 큰 자취를 남겼다. 본인 스스로 왕희지(王羲之,

在中华文化圈，搜罗古人真迹集成的书法作品被称为“集字”，集字的石碑被称为“集字碑”。在没有现如今数字文化的时期，收集古人字迹碑刻是一件需要倾注巨大精力的事情。很少有人知道，在韩国保存着唐太宗书迹集字碑。

唐太宗(599-649)被评价为中国历史上最为杰出的皇帝，因其在位之时治世有道而被称为“贞观之治”。以治世业绩著称的唐太宗对文化艺术也很热衷有巨大成就。唐太宗不但自学临仿王羲之(321～379)，更尤擅“飞白书”，据载唐太宗在设宴群臣时，曾用飞白书法写字赐予群臣。

于书法，唐太宗独尊王羲之，不惜重金搜求王羲之墨迹。据传，由于当时搜集的作品数量太多以致无法辨别真伪，后请褚遂良(596～658)将这些作品全部鉴别了出来。欧阳询(557～641)、虞世南(558～638)和褚遂良被称为“初唐三大家”，是中国书法史上影响最为深远的几位人物，而他们的成就离不开唐太宗的赏识与器重。

唐太宗酷爱王羲之书法，在得到《兰亭序》后，曾命欧阳询、褚遂良等人齐心研究。《兰亭序》乃是书圣王羲之最为著名的书作。353年3月3日，王羲之在会稽山阴之兰亭(位于今浙江省绍兴县西南兰渚的亭子)与40余名群贤“修禊”，群贤饮酒赋诗创作《兰亭集》，王羲之为雅集书写序文手稿，是为《兰亭序》。该法帖堪称完美，王羲之本人也称其乃绝品再无其二，《兰亭序》是学习书法必学之作品。

学习王羲之书迹的唐太宗在求得《兰亭序》真迹后，曾命当朝

321~379년)의 글씨를 배워 잘 썼으며, 비백(飛白, 붓끝이 갈라져 획 중간에 빈틈이 있는 글씨)은 더욱 아름다웠다고 한다. 그래서 당 태종은 신하들과 연회를 하다가 비백으로 글씨를 써서 나누어 주기도 했다고 한다.

당 태종은 왕희지의 글씨를 특히 사랑하여 금과 비단을 내어 왕희지의 서적(書跡)을 모으기도 했다. 이때 모인 작품의 수가 너무 많아서 진위를 구별할 수 없을 정도였는데, 저수량(褚遂良, 596~658년)이 이것을 모두 가려내었다고 한다. 구양순(歐陽詢, 557~641년)과 우세남(虞世南, 558~638년), 저수량은 초당(初唐) 3대가로 불리며, 중국 서예 사상 가장 큰 영향을 미친 인물들이다. 이들의 활약에는 당태종의 적극적인 지원이 있었음은 잘 알려진 사실이다.

특히 당태종과 구양순, 저수량이 합심해 연구한 작품이 왕희지의 〈난정서〉(蘭亭序)이다. 〈난정서〉란 서성(書聖) 왕희지의 가장 유명한 글씨로 왕희지가 353년 3월 3일에 회계(會稽) 산음(山陰) 난정[蘭亭, 현재 절강성 소흥현(紹興縣) 서남(西南) 난저(蘭渚)에 있던 정자]에서 당대의 명사 40여 명과 함께 모여 불계(祓禊, 부정한 것을 씻어 버리는 의식)의 행사를 가진 다음, 술을 마시며 시를 지어 『난정집』(蘭亭集)을 만들었는데, 왕희지가 이 시집의 서문을 짓고 쓴 것이 〈난정서〉이다. 이때의 글씨는 왕희지 자신도 다시 쓸 수 없었다고 했으며, 글씨를 배우고자 하는 사람들은 이 난정서를 반드시 공부했다.

왕희지의 글씨를 공부한 당 태종은 이 〈난정서〉를 어렵게 구한 뒤, 구양순과 저수량 등 명필에게 임모(臨摹) 시키고, 원본은 자신이

书法名家欧阳询和褚遂良等临摹数本，太宗驾崩后《兰亭序》真迹作为陪葬品陪葬。因此，目前流传于世的《兰亭序》只有欧阳询和褚遂良书写的临本及其石刻碑帖和拓本。

巧合的是，中国最早的集字碑是由唐太宗撰写，从王羲之书法中集字刻制的《唐集右军圣教序》(672年)。该石碑原是唐太宗为纪念玄奘法师(602～664)赴印度求取佛经后译成三藏要籍而立。碑文最早由褚遂良所书，后由沙门怀仁和尚从唐太宗撰文和王羲之书法中集字，刻制成碑文。中国最早的集字碑因唐太宗酷爱王羲之书迹而启，并在当时书法名家鉴别真迹制作临本基础上而成。940年，从唐太宗书迹中集字刻制的石碑在高丽立成，其碑身目前在国立中央博物馆展出。

高丽太祖王建(877～943)亲自为真空大师忠湛(869～940)撰写塔碑碑文，并从唐太宗的书法中集字，碑刻了〈原州兴法寺址真空大师塔碑〉(940年)。目前,该石碑的龟趺与螭首仍保留在原址-原州兴法寺址，集唐太宗书迹的碑身破损成数片，现收藏于国立中央博物馆。有观点认为，因〈真空大师塔碑〉由高丽太祖亲自撰写碑文并集唐太宗书迹碑刻而成，故其具有宣告新王朝兴起的纪念物性质。

〈真空大师塔碑〉正面所刻唐太宗字迹，乃从唐太宗《晋祠铭》、《温泉铭》中流畅的行书中集字刻成。高丽李奎报(1168～1241)评价其称："大字小字并楷书行书错落有致，犹似鸾凤浮水般蕴含超然气象，可谓天下瑰宝。"。在朝鲜时代，众多学者或亲探此碑，或寻其拓本。

於所遇暫得於己快然自足不
知老之將至及其所之既惓情
隨事遷感慨係之矣向之所
欣俛仰之間以為陳迹猶不
能不以之興懷況脩短隨化終
期於盡古人云死生亦大矣豈
不痛哉每攬昔人興感之由
若合一契未嘗不臨文嗟悼不
能喻之於懷固知一死生為虛
誕齊彭殤為妄作後之視今
亦由今之視昔悲夫故列
敘時人錄其所述雖世殊事
異所以興懷其致一也後之攬
者亦將有感於斯文

〈난정서 신룡본(神龍本)〉, 당 7세기, 종이, 60×230cm, 대만 고궁박물원

〈兰亭序神龙本〉, 唐7世纪, 纸张, 60×230cm, 台湾故宫博物院

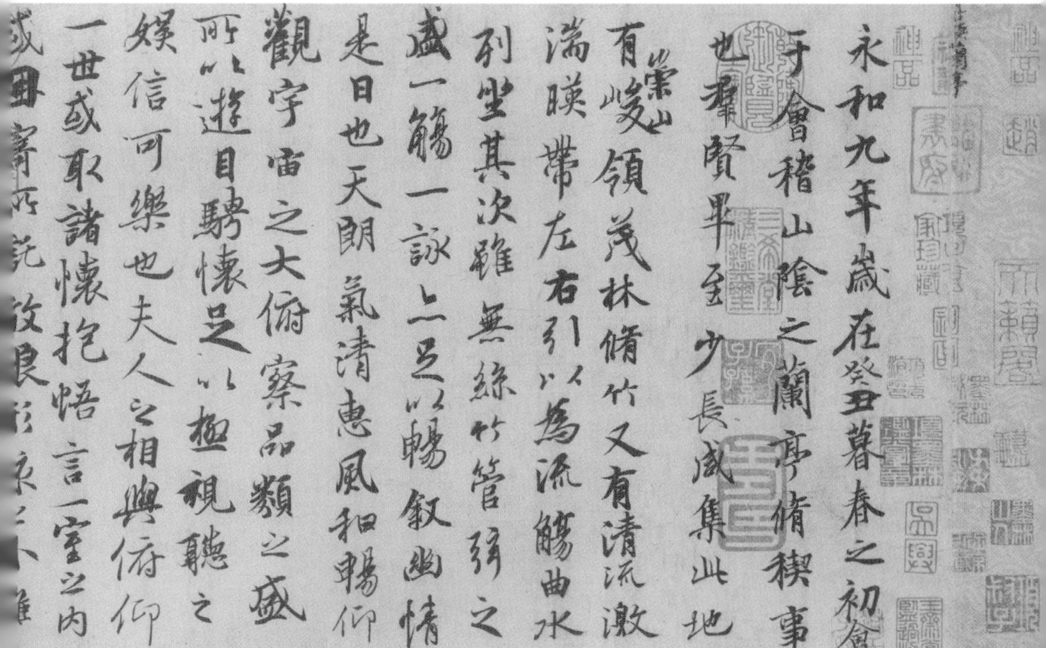

죽을 때 함께 묻게 했다. 그래서 현재 난정서는 구양순과 저수량이 쓴 임모본과, 이 임모본을 돌에 새긴 원석과 탁본이 전래되고 있다.

공교롭게도 중국에서 최초의 집자비는 당 태종이 짓고, 왕희지의 글씨를 집자한 〈당집우군성교서〉(唐集右軍聖敎序, 672년)이다. 원래 이 비석은 현장이 태종의 후원으로 인도에서 구법(求法)하여 가져온 경전을 번역한 후 당 태종이 이를 기념하기 위해 건립한 것이었다. 원래는 저수량이 글씨를 썼지만 비석이 훼손되자 회인(懷仁)이라는 승려가 당 태종의 글과 왕희지의 글씨를 모아 다시 건립했다. 중국 최초의 집자비는 당 태종이 왕희지의 글씨를 좋아하여 수집했으며, 이것을 명필들이 감정하고, 임모본 등을 만들었기에 가능했다. 이러한 당 태종의 글씨를 집자한 비석이 940년 고려에서 건립되었으며, 그 비신(碑身)이 국립중앙박물관에 전시되어 있다.

고려 태조 왕건(王建, 877~943년)은 진공대사(眞空大師) 충담(忠湛, 869~940년)의 탑비(塔碑)의 비문을 직접 짓고 당 태종의 글씨를 집자해 〈원주 흥법사지 진공대사탑비〉(原州興法寺址眞空大師塔碑, 940년)를 건립하게 했다. 현재 이 비석의 귀부(龜趺)와 이수(螭首)는 원 위치인 원주 흥법사지에 남아 있으며, 당 태종의 글씨를 집자한 비신은 여러 조각으로 파손되어 현재 국립중앙박물관에 소장되어 있다. 이 〈진공대사탑비〉는 고려 태조가 직접 비문을 짓고 당 태종의 글씨를 모아 새겼다는 점에서 새로운 왕조의 시작을 알리는 기념물적 성격을 갖고 있다는 주장 등이 있다.

〈진공대사탑비〉의 앞면에 당 태종의 글씨가 조각되어 있는

另有观点认为，当年参战万历朝鲜战争的明军或把该碑刻拓本带到了中国。清朝刘喜海(1793～1852)在致朝鲜秋史金正喜(1786～1856)的信中写道："兴法寺忠湛大师碑在明万历(1573～1619年)年间断为三片，而未折断的旧拓本是否还有流传于世呢？"

收到该信后，金正喜曾向朝鲜金石学者泰斗洪敬谟(1774～1851)问询〈真空大师塔碑〉。洪敬谟回信写道："我遍寻各地，艰难寻得了原州的兴法寺碑和襄阳沙林寺碑。碑刻字韵浑融和谐，戈法奇异，永和(王羲之和《兰亭序》)风度宛然。"

王羲之、唐太宗、高丽太祖、刘喜海和金正喜等人因缘和合而成的〈真空大师塔碑〉碑身和〈真空大寺塔〉现收藏于国立中央博物馆，〈真空大师塔碑〉的龟趺和螭首则保存在江原道原州市。

〈진공대사탑비의 비신〉, 940년경, 돌, 국립중앙박물관
〈真空大师塔碑碑身〉, 约940年, 石制, 国立中央博物馆

〈진공대사탑비 탁본〉, 조선, 종이, 각 폭 31.8×17.3cm, 국립중앙박물관
〈真空大师塔碑拓本〉, 朝鲜, 纸张, 各宽31.8×17.3cm, 国立中央博物馆

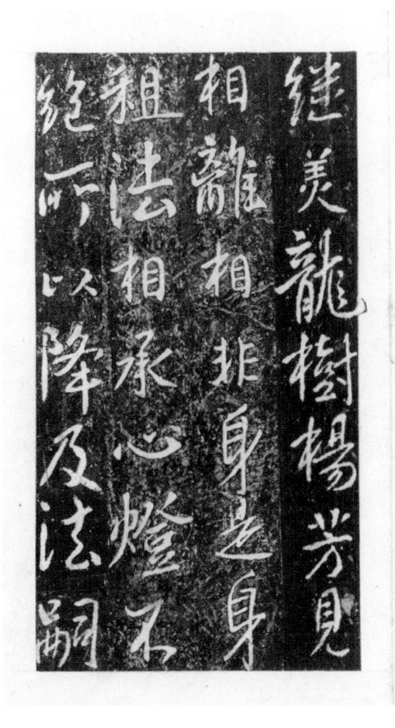

데 〈진사명〉(晉祠銘), 〈온천명〉(溫泉銘) 등에서 보이는 당 태종의 유려한 행서(行書)를 집자한 것으로 보인다. 고려의 이규보(李奎報, 1168~1241년)는 이 글씨를 "크고 작은 글자와 해서(楷書)와 행서가 서로 알맞게 배열되어 난새와 봉새(鸞鳳)가 물 위에 떠서 초연한 기상을 머금고 있는 듯하니, 참으로 천하의 보물이라 하겠다."라고 평했다. 조선시대에는 많은 학자들이 이 작품을 직접 찾아보거나, 탁본을 구해 보곤 했다.

또 임진왜란에 참전했던 명군이 중국으로 이 탁본을 가져가기도 했던 것으로 보인다. 유희해가 추사 김정희에게 보내는 편지에서 "흥법사 충담대사비의 명 만력(萬曆, 1573~1619년) 연간에 단절되어 셋으로 나뉘었으니 단절되지 않은 옛 탁본이 아직 세상에 유전(流傳)되는 것이 있습니까?"라는 편지를 보내기도 했다.

이러한 편지를 받은 김정희는 조선 최고의 금석학자였던 홍경모(洪敬謨, 1774~1851년)에게 〈진공대사탑비〉에 대해 자문을 구한 듯하다. 그래서 홍경모는 "널리 구해 겨우 원주의 흥법사비, 양양 사림사비(沙林寺碑)를 구했습니다. 글자의 기운이 조화롭고 부드러우며(融渾), 삐침 방법(戈法)이 기이하고 예스러우니(奇古), 영화(永和, 왕희지와 〈난정서〉)의 풍도가 완연히 있습니다."라는 편지를 보내기도 했다.

왕희지, 당 태종, 고려 태조, 유희해와 김정희 등의 인연이 겹겹이 쌓인 〈진공대사탑비〉의 비신과 〈진공대사탑〉은 서울의 국립중앙박물관에, 〈진공대사탑비〉의 귀부와 이수는 강원도 원주에 남아 있다.

〈원주 흥법사지 진공대사탑〉, 940년경, 돌, 높이 2.91m, 국립중앙박물관
〈原州兴法寺址真空大师塔〉, 约940年, 石制, 高2.91米, 国立中央博物馆

〈원주 흥법사지 진공대사탑비〉, 940년경, 돌, 강원도 원주시
〈原州兴法寺址真空大师塔碑〉, 约940年, 石制, 江原道原州市

首尔

⑨

추사와 청 문인들의 인장을 수집한 헌종 : 창덕궁 낙선재와 보소당인존

收集秋史和清代文人印章的宪宗 : 昌德宫乐善斋和宝苏堂印存

조선 제24대 국왕인 헌종(1827~1849년, 재위 1834~1849년)은 23세의 어린 나이에 승하했는데 재위 기간은 16년에 이른다. 즉 8세에 왕위에 올라 할머니 순원왕후(純元王后)가 7년간 수렴청정을 했으며, 이로 인해 안동 김씨의 세도정치가 절정에 이르러 헌종은 제대로 정치를 해보지 못하고 승하했다. 그래서 한국 사람들에게 헌종은 어리고 나약한 이미지로 남아 있지만 창덕궁 낙선재(樂善齋)를 둘러보면 그의 개혁 의지를 확인할 수 있다.

창덕궁 낙선재는 1847년경 지어진 건물로 헌종의 개인 공간이라고 할 수 있다. 낙선재 본채는 정면 6칸, 측면 2칸의 작은 집이지만 이곳에 걸려 있는 편액과 주련(柱聯)이 이 건물의 성격을 짐작하게 한다.

朝鲜第24位国王宪宗(1827~1849, 在位1834~1849)虽年仅23岁就驾崩了，但他在位时间长达16年。也就是8岁继位后，其祖母纯元王后在长达七年的时间里垂帘听政，又因此被安东金氏擅权政治，宪宗一直没能掌握大权，只能含恨驾崩。所以在韩国人心目中，宪宗一直是弱小、懦弱的形象。但参观昌德宫乐善斋时，就会发现宪宗曾有过怎样的改革意志。

昌德宫乐善斋建于1847年，可以说这里是宪宗个人的私密空间。乐善斋主体由正面六间、侧面两间组成。虽然是很小的房子，但是从这里悬挂的匾额和柱联可以看出这座建筑的性格。

창덕궁 낙선재, 1847년 건립 | 昌德宮乐善斋, 1847年建立

〈낙선재〉 편액은 추사 김정희와 절친이었던 섭지선(葉志詵, 1779~1863년)이 1846년경 쓴 작품으로 '선을 즐기는 집'이라는 뜻이다. 〈낙선재〉 편액 동쪽에 걸려 있는 작은 〈보소당〉(寶蘇堂) 편액은 추사체로서 '동파(東坡) 소식을 보배롭게 여기는 집'이라는 의미이며, 헌종의 별호이다. 낙선재 내부에도 여러 개의 편액이 걸려 있었는데 추사의 스승인 담계(覃溪) 옹방강의 〈실사구시〉(實事求是) 편액과, 추사가 제주에 유배 중에 써서 보낸 〈길금정석재〉(吉金貞石齋) 편액이 마주 보며 걸려 있었다. 〈길금정석재〉 편액은 제주도에서 만들어 보냈는데 풍랑을 만나 일본까지 떠내려간 것을 다시 찾아왔다는 기록이 있는 작품이기도 하다.

이 편액들로 볼 때 '낙선재', '보소당', '길금정석재'는 헌종의 별호로 볼 수 있으며, 옹방강 학문의 요체를 담은 〈실사구시〉 편액은 헌종이 스스로 추사학파의 일원으로 생각하고 있었음을 보여준다. 특히 옹방강이 '보소재'(寶蘇齋), '소재'(蘇齋)라는 호를 사용했으며, 추사가 이를 계승해 '보담재'(寶覃齋, 담계 옹방강을 보배롭게 여기는 집)라는 호를 사용했었다.

여기에는 헌종의 호인 원헌(元軒), 향천(香泉), 낙선재, 길금정석재 등의 인장뿐만 아니라 추사와 중국 문인들이 서로를 그리워 한다는 의미로 함께 사용한 '홍두'(紅豆) 등이 다수 있다. 이 밖에도 중국 역대 유명 인장들이 모각되어 남아 있다.

또 낙선재의 기둥에는 많은 주련이 걸려 있는데 그 작가들을 보면 모두 청의 문인이다. 옹방강, 철보(鐵保, 1752~1824년), 유환지(劉鐶之, 1762~1821년), 영화(英和, 1771~1840년), 요원지(姚元之,

《乐善斋》匾额是秋史金正喜最好的朋友，葉志诜(섭지선, 1779~1863)创作于1846年的作品，是“乐于从善”的意思。《乐善斋匾额》东侧悬挂的小一点的《宝苏堂》匾额采用秋史体，意为“这里把东坡苏轼视为宝贝”，这也是宪宗的别号。乐善斋内部也挂有多个匾额。秋史恩师覃溪翁方纲(담계옹방강, 1733~1818)的《实事求是》匾额和秋史被流放济州期间所写的《吉金贞石斋》匾额相对而挂。其中《吉金贞石斋》匾额还有一段在济州制成以后，运往首尔的途中遭遇风浪，流落到日本，后被巡回的经历。

从《乐善斋》、《宝苏堂》、《吉金贞石斋》几个匾额上可以看出宪宗的别号，从体现了翁方纲学问真谛的《实事求是》匾额上可以看出宪宗自认为是秋史学派的一员。特别是翁方纲曾用“宝苏斋”、“苏斋”作为其号，秋史也继承他的思想，用号“宝覃斋”表达自己对恩师翁方纲的敬仰。

这里不仅保存了刻有宪宗名号“元轩”、“香泉”、“乐善斋”、“吉金贞石斋”等字样的印章；保存了很多代表秋史与中国文人之间相思之情的“红豆”印章；还保存有中国历代著名文人印章的复刻品。

从乐善斋柱子上悬挂的柱联可见，这里多是清代文人墨客翁方纲(옹방강)、铁保(철보, 1752~1824)、刘鐶之(유환지, 1762~1821)、英和(영화, 1771~1840)、姚元之(요원지, 1773~1852)、赵光(조광, 1797~1865)、黄鉴(황감)等人的作品。他们都是翁方纲的好友，与李德懋(이덕무)朴齐家(박제가)等秋史的前辈北学派交流广泛的人物。特别是刘鐶之是与秋史交流过的刘喜海的父亲，曾与李德懋

옹방강, 〈실사구시〉 편액, 19세기, 국립고궁박물관

翁方纲,《实事求是》匾额, 19世纪, 国立故宫博物馆

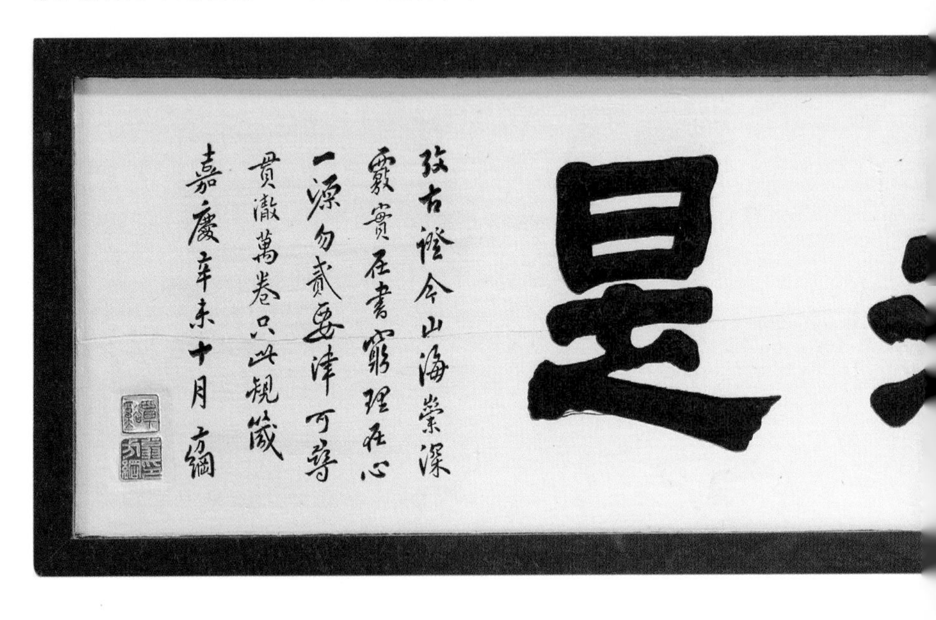

김정희, 〈길금정석재〉 편액, 19세기, 국립고궁박물관

金正喜,《吉金贞石斋》匾额, 19世纪, 国立故宫博物馆

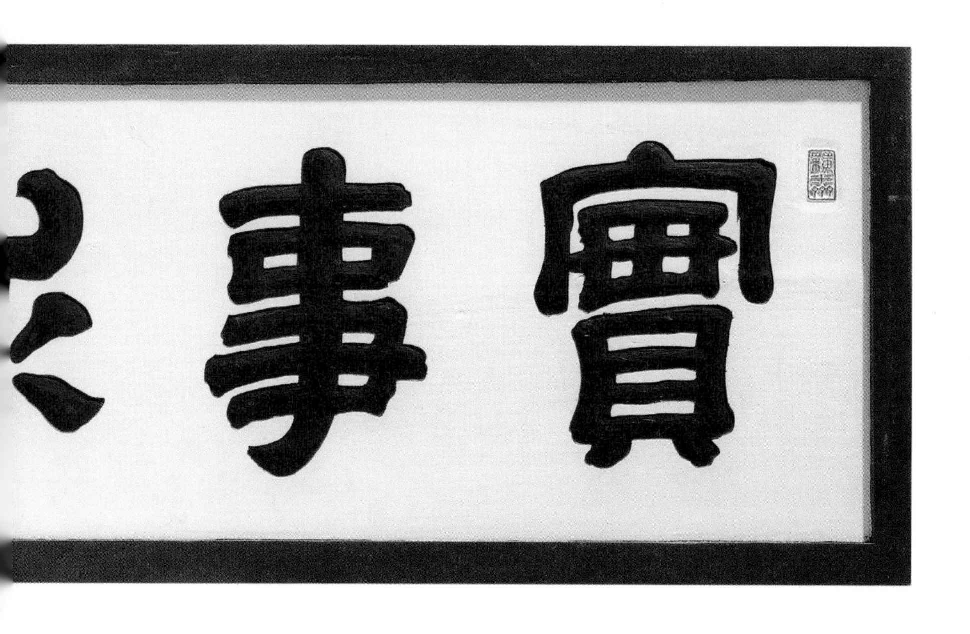
實事

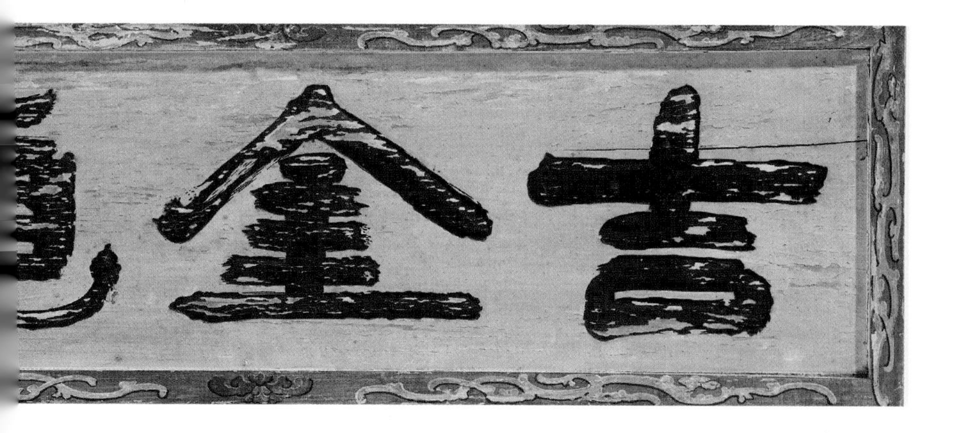
金

1773~1852년), 조광(趙光, 1797~1865년), 황감(黃鑒) 등의 글씨가 있다. 이들은 모두 옹방강과 친교가 있었으며, 이덕무(李德懋), 박제가 등 추사의 선배 북학파와 교류하던 인물이다. 특히 유환지는 추사와 교류했던 유희해의 아버지로, 이덕무 등과 교류했다.

헌종은 이 낙선재에서 전례 없는 문화 사업을 펼쳤는데 자신의 별호 '보소당'의 이름을 딴 인보(印譜)를 만드는 것이었다. 현재 국립고궁박물관에는 보소당인존(寶蘇堂印存)이라는 이름의 나무장(欌)이 있는데 그 안에 한국과 중국의 인장 900여 과(顆)가 보존되어 있다. 일반적인 인보는 인장을 날인한 것이지만, 이 보소당인존은 실제 인장을 수집하거나 모각해 놓은 것으로 우리나라에서 유일한 작품이다.

헌종이 이처럼 인장을 수집하고 인보를 편찬했다는 것 자체로도 헌종이 금석학에 조예가 깊었다는 것을 알 수 있다. 또한 이 인장 중에 '실사구시재'(實事求是齋), '매화서옥'(梅花書屋), '사해묵연'(四海墨緣), '시경'(詩境), '장무상망'(長毋相忘) 등 추사와 청 문인들이 공유했던 문구와 인장이 포함되어 있어서 사실상 헌종은 추사와 청 문인들을 깊이 흠모하고 있었음을 알 수 있다.

그동안 낙선재는 헌종이 후궁을 들여 살기 위한 집으로 알려져 왔으나 실상은 그렇지 않다는 것을 알 수 있다. 헌종은 추사 및 추사와 교류했던 청 문사들의 글씨를 낙선재 사방에 걸어 놓고, 이들의 인장을 수집하며 금석학을 연마함으로써 청조 고증학, 북학을 중심으로 조선의 개혁을 시작하려고 했음을 짐작할 수 있다.

1849년 추사의 10년 제주 귀양살이를 풀어 준 헌종은 추사와

보소당인존장, 20세기, 국립고궁박물관 | 宝苏堂印存柜, 20世纪, 国立故宫博物馆

보소당인존 중 '홍두' 관련 인장, 19세기, 국립고궁박물관
宝苏堂印存中"红豆"相关印章, 19世纪, 国立故宫博物馆

상봉해 학문을 연찬(研鑽)하고, 개혁을 시작하려고 했으나 23세의 나이에 승하해 그 꿈을 이루지 못했다. 그러나 창덕궁 낙선재의 중국 문인들의 글씨와 보소당인존을 통해 헌종의 마음을 지금도 읽을 수 있다.

多有交流。

宪宗在乐善斋里开展了前所未有的文化事业。他还在这里制作了带有自己名号“宝苏堂”的印谱。国立故宫博物馆现存一个名为宝苏堂印存的木盒子，里面装有韩中两国900多枚印章。一般印谱都是盖印章的，但宝苏堂印存由收集来的实际印章或模刻积累而成，是韩国唯一一个珍品。

从宪宗收集印章，编辑印谱这件事就可以看出他的金石学造诣非同一般。这些印存里还包括了用“实事求是斋”、“梅花书屋”、“四海墨缘”、“诗境”、“长毋相忘”等秋史与清朝文人共同使用的词汇刻制的印章，可见宪宗曾多么仰慕秋史与清代文人之间的感情。

在此之前，乐善斋一直被认为是宪宗在后宫的住所，其实并非如此。宪宗把秋史与清代文人交流的书法挂在乐善斋各处，收集他们的印章钻研金石学，可见其希望以清朝考证学和北学为中心，在朝鲜开始进行改革的夙愿。

1849年秋史结束在济州10年的流放生活后与宪宗相逢，正准备开始进行改革的时候，宪宗的生命就停止在了23岁，这个梦终究没有实现。然而通过昌德宫乐善斋里中国文人的书法和宝苏堂印存，我们依然能读懂宪宗的内心。

首尔

안진경체로 쓴 조선 충신들의 비석

用颜真卿体刻制的朝鲜忠臣墓碑

묘비 건립은 한국이나 중국이나 매우 중요한 일이었다. 묘비는 아무나 건립할 수 있는 것이 아니었으며, 중국은 수(隋) 때부터 품계별로 비석의 형태를 국가에서 정해 놓았고 명청에서는 매우 자세하게 규정을 기록해 놓았다. 한국은 조선시대부터 묘비 건립이 매우 활발해졌는데 중국의 제도를 도입해 사용했다.

비석 건립은 품계, 즉 벼슬을 해야 가능했으며, 비석에 사용할 석재를 구입하고, 비석에 문양을 새기는 석장(石匠), 글씨를 새기는 각수(刻手)가 필요했으므로 건립 비용이 많이 들었다. 또한 비석에서 가장 중요한 비문을 저술하는 사람과 글씨를 쓰는 서사(書寫) 비용도 많이 소요되었다.

无论是在韩国，还是在中国，建立墓碑都是一件非常重要的事情。墓碑并不是谁想建就可以建的。中国自隋朝开始，国家根据品阶的不同规定碑石的形态。到了明清时期更是详细记载了严格的立碑规定。韩国则是从朝鲜时代开始引入中国的立碑制度，立碑之风盛起。

只有有官职也就是具有一定社会地位的人才有可能立碑。碑石从购买石材到雕刻碑石花纹，再到字体篆刻以及建立都需要大量费用。而且碑石上最重要的著述碑文的人和书写碑文的费用也非常高。

在朝鲜有一种节约立碑费用的方法，就是收集历代书法名家的字体篆刻成“集字碑”，这种墓碑在18~19世纪非常常见。在首尔和京畿道地区现存有1500余座古代墓碑，其中约190座属于“集字碑”，约占13%。而这些作品多出自18~19世纪，这一时期的作品约占30%。

朝鲜时代的“集字碑”大多集中在首尔和京畿道地区。其中韩国书法家以新罗的金生、韩濩、金寿增为代表人物。中国书法家多采用东晋王羲之(왕희지)、唐代欧阳询(구양순, 557~641)、褚遂良(저수량, 596~658)、颜真卿(안진경, 709~785)、李阳冰(이양빙)、柳公权(유공권, 778~865)、宋代苏轼(소식, 1036~1101)、米芾(미불, 1051~1107)、元代赵孟頫(조맹부, 1254~1322)等人的书法字体。

截止到目前为止，笔者调查的190余座墓碑中，采用王羲之字体的有3座，褚遂良3座，金生5座，颜真卿43座，柳公权28座，苏轼32座，赵孟頫3座，金寿增12座，韩濩121座。可见采用

조선에서는 비석 건립 비용을 줄이는 방법으로 역대 명필의 글씨를 모아서 새기는 집자비가 18~19세기에 크게 유행했다. 서울 및 경기도에 건립된 조선시대 묘비는 대략 1500기에 이르는데 이 중 집자비가 약 190건으로 13%에 해당한다. 이 작품들은 18~19세기에 집중되어 있어서 이 시기 작품 가운데 집자비가 약 30%에 해당한다.

조선시대 집자비는 대체로 서울과 경기도에 집중되어 있으며, 한국 서예가는 신라의 김생(金生), 조선의 한호, 김수증(金壽增)이 대표적이다. 중국 서예가는 동진(東晋)의 왕희지, 당의 구양순, 저수량, 안진경(709~785년), 이양빙(李陽氷), 유공권(柳公權, 778~865년), 송의 소식(蘇軾, 1036~1101년), 미불(米芾, 1051~1107년), 원의 조맹부(趙孟頫, 1254~1322년) 등의 글씨가 집자되었다.

현재까지 조사된 조선시대 집자비 약 190여 건 중, 왕희지 3건, 저수량 3건, 김생 5건, 안진경 43건, 유공권 28건, 소식 32건, 조맹부 3건, 김수증 12건, 한호 121건 등이다. 한호의 작품이 압도적으로 많으며, 중국 서예가 중에는 안진경의 집자비가 가장 많이 건립되었다.

안진경은 당의 서예가로 웅장하고 위대한 서풍을 특징으로 하며, 안체(顔體)라고 부른다. 유공권과 병칭해 '안근유골'(顔筋柳骨, 안진경의 살집, 유공권의 골격)이라고 하며, 안평원, 안노공(顔魯公) 등의 별칭이 있다.

안진경이 충절의 상징이 된 것은 783년 회서(淮西)에서 이희열(李希烈)이 반란을 일으키자 당시 재상이었던 노기(盧杞)가 안진

韩濩字体的墓碑占有数量上压倒性的多数，而中国书法家中，颜真卿的字体被采用得最多。

颜真卿是唐代书法家，他的字体以雄强圆厚，气势庄严为特征，被称为颜体。他与柳公权并称“颜筋柳骨”。人称颜平原、颜鲁公。

783年淮西李希烈发起叛乱，当时的宰相卢杞派颜真卿前去宣慰李希烈。颜真卿在许州见到李希烈，宣读圣旨。李希烈本欲遣还颜真卿，李元平暗中写密信劝阻，李希烈于是改变主意，继续拘留颜真卿。

此后颜真卿被关押三年。李希烈称帝国号大楚，年号武成后，颜真卿被绞杀。颜真卿在玄宗时代曾作为平原太守与其兄颜杲卿一起参与镇压安史之乱，不幸被抓。颜杲卿瞋目怒骂安禄山，最终遇害。由于以上种种，颜真卿和他的书法被视为忠节的象征。

事实上颜真卿的书法自高丽时代开始就是韩国书法的根基。特别是对朝鲜时代后期的书法影响颇深。宋时烈、宋浚吉的两宋体就是在颜体的基础上发展而来。篆写颜体的南九万(남구만, 1629~1711)、朴泰维(박태유, 1648~1686)、朴泰辅(박태보, 1654~1689)等书法家也受到高度评价。

特别是正祖(在位时间1776~1800)多次下令，先后采用颜体建立了宋时烈墓碑(1779)、死六臣墓碑(1782)、李舜臣神道碑(1794)。其中李舜臣的神道碑篆首上书：“尙忠旌武之碑”，下注“忠臣的墓碑正当以忠臣的书法篆写，遂以颜真卿的家庙碑集字刻成”。由

경을 보내어 그들을 설복시킬 것을 추천했다. 안진경은 이희열을 설득하기 위해 허주(許州, 하남성 허창시)로 가서 이희열에게 황제의 뜻을 전하고 돌아가려 할 즈음, 마침 이원평(李元平)이 그 자리에 있자 안진경이 그를 꾸짖으니 이원평은 이희열에게 비밀 서신을 보내 안진경을 돌려보내지 말도록 했다.

그 후 안진경은 3년 동안 감금되었으며, 이희열이 드디어 황제에 올라 국호를 대초(大楚)로 정하고 연호를 무성(武成)으로 고친 후 교살(絞殺)당했다. 안진경은 현종 때 평원태수(平原太守)로 있을 무렵, 안녹산의 난이 일어나자 사촌형인 안고경(顏杲卿)과 함께 의용병을 모집하여 난의 진압에 참여한 바 있었으며, 안고경은 안녹산에게 욕을 퍼붓다가 사로잡혀 처형되었다. 이와 같은 행적으로 인해 안진경과 그의 글씨는 충절의 상징이 되었다.

사실 안진경의 글씨는 고려 시대 이래 우리나라 서예의 근간이었는데, 특히 조선 후기 서예에 큰 영향을 미쳤다. 송시열(宋時烈)과 송준길(宋浚吉)의 양송체(兩宋體)가 안진경체를 기초로 하고 있으며, 안진경체를 따라 쓴 남구만(南九萬, 1629~1711년), 박태유(朴泰維, 1648~1686년), 박태보(朴泰輔, 1654~1689년) 등의 서예가들이 높이 평가되기도 했다.

이의진(李宜振) 묘표(墓表), 1772년, 전면(前面) 소식 집자,
음기(陰記) 유공권 집자, 경기도 남양주시
李宜振墓表, 1772, 正面采用苏轼字体, 阴文采用柳公权字体集字而成,
京畿道南杨州市

朝鮮 贈純忠補祚功臣左贊成仁
原君行飄山縣令李公宜振之墓
贈貞敬夫人坡平尹氏祔左
貞敬夫人南陽洪氏祔右

특히 정조(재위 1776~1800년)는 송시열 묘비(1779년), 사육신 묘비(1782년), 이순신(李舜臣) 신도비(1794년)를 안진경 글자를 모아 건립하게 했다. 또한 이순신 신도비는 전수(篆首)를 '상충정무지비'(尙忠旌武之碑)라고 했으며, 하교하기를, "충신의 비문은 마땅히 충신의 글자로 써야 하니, 안진경의 가묘비(家廟碑)를 집자하여 새기도록 하라."고 했다. 즉 안진경의 글씨는 그의 충절과 동일시되었음을 알 수 있다. 이러한 안진경의 글씨 중 작은 글씨의 경우 다보탑비(多寶塔碑, 752년), 큰 글씨의 경우 안씨가묘비(顔氏家廟碑, 780년) 등을 집자했다.

안진경의 안씨가묘비 글씨를 집자해 건립한 비석 중 서울에 있는 유일한 작품이 사육신 묘비이다. 안씨가묘비는 글자가 매우 커서 집자비를 건립하려면 비석도 커야 하므로 개인 묘비보다 국가 사업에 이용되었다.

사육신은 세조가 조카인 단종의 왕위를 찬탈한 계유정난(癸酉靖難, 1453년)이 일어난 지 3년 뒤 단종의 복위를 꾀하다 발각되어 처형되거나 스스로 목숨을 끊은 성삼문·박팽년(朴彭年)·하위지(河緯地)·이개(李塏)·유성원(柳誠源)·유응부(兪應孚) 등 6명을 가리킨다. 거사에 참여했던 김질(金礩)의 고변으로 발각되어, 계획을 주도한 성삼문·이개·하위지·박중림·김문기·성승·유응부·윤영손·권자신·박쟁·송석동·이휘 등은 1456년 7월 10일 군기감(軍器監) 앞에서 조정의 신료들이 모두 입회한 상태에서 수레로 찢겨 죽임을 당하는 거열형을 당했고, 유성원은 잡히기 전에 집에서 아내와 함께 스스로 목숨을 끊었다. 이들의 친자식들도 모두 목을

此可见颜真卿的书法与其忠节一起被等同视之。就这样，颜真卿的作品中，小字以《多宝塔碑》(752)、大字以《颜氏家庙碑》(780)等为蓝本被集字。

以颜真卿的《颜氏家庙碑》书法作品为蓝本建成的集字碑中，首尔唯一现存的是死六臣墓碑。因为《颜氏家庙碑》字体非常大，如果用于集字碑，需要很大的碑石，与个人相比，更多用于国家事业中。

“死六臣”指的是朝鲜世祖篡夺其侄端宗王位，史称癸酉靖难(계유정난, 1453)，3年后密谋恢复端宗王位，后因谋泄被杀或自杀的六位大臣。他们是成三问(성삼문)、朴彭年(박팽년)、河纬地(하

사육신 묘, 서울시 동작구 노량진동 사육신역사공원
死六臣墓，首尔市铜雀区鹭梁津洞死六臣历史公园

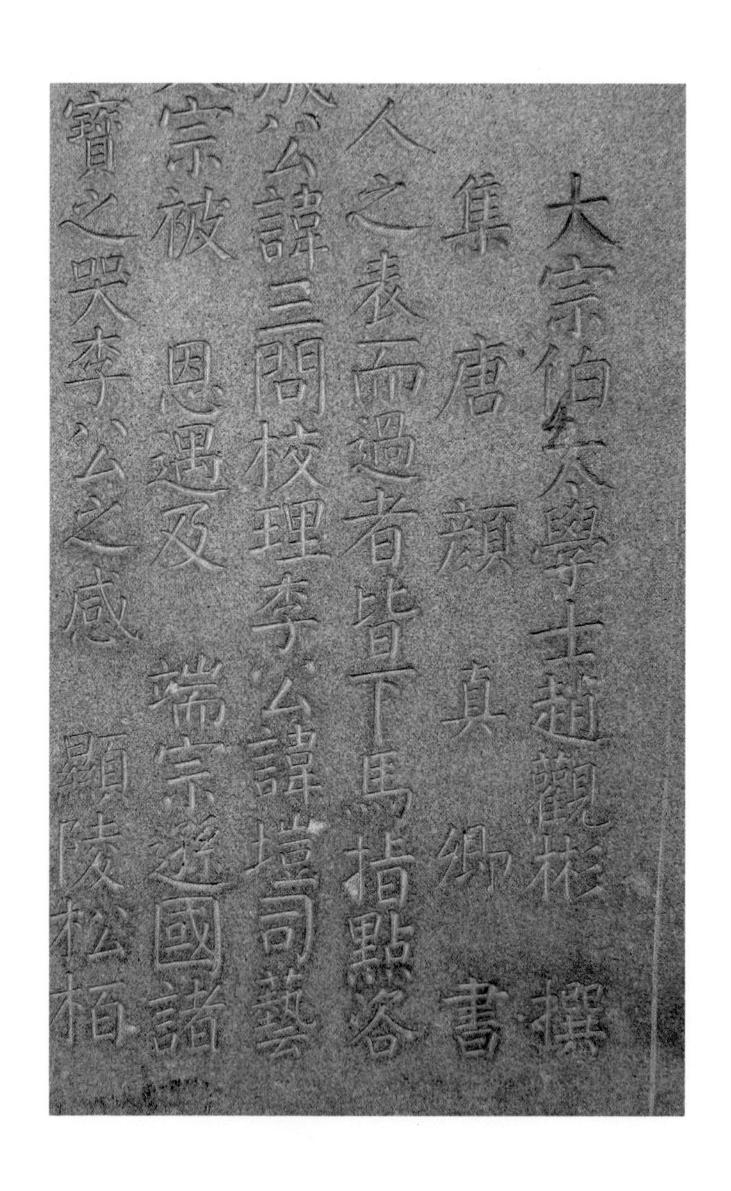

大宗伯大學士趙觀彬撰
集唐顔眞卿書
人之表而過者皆下馬指點咨
公諱三問校理李公諱塏司藝
宗被恩遇及端宗遜國諸
寶之哭李公之感顯陵松栢

사육신묘비, 1782년, 안진경 집자, 서울시 사육신역사공원

死六臣墓碑, 1782, 颜真卿集字, 首尔市铜雀区鹭梁津洞死六臣历史公园

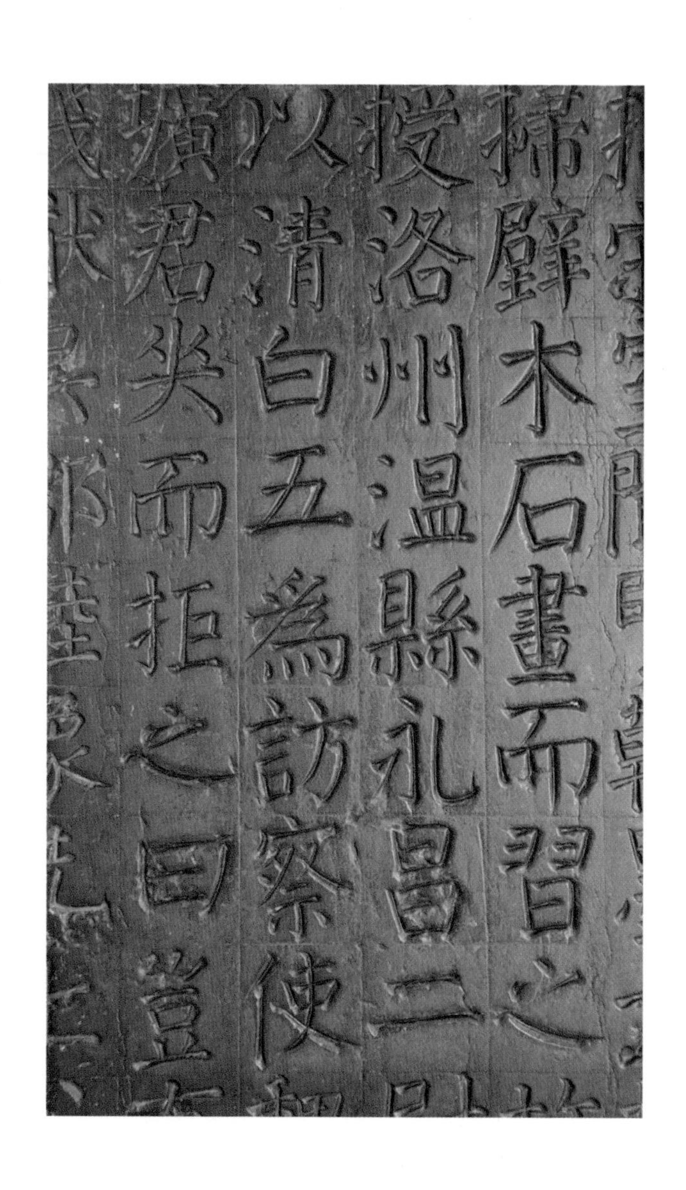

안씨가묘비, 780년, 서안시(西安市) 비림박물관(碑林博物館)

颜氏家庙碑, 1780, 西安市碑林博物馆

매어 죽이는 교형에 처해졌으며, 집안의 여성들은 노비가 되었고, 가산도 모두 몰수되었다.

남효온(南孝溫)이 「육신전」(六臣傳)을 지어 이들 여섯의 행적을 소상히 적어 후세에 남긴 이래 사육신은 충절을 상징하는 인물로 숭배되었다. 1691년에 사육신 6명의 관작(官爵)이 회복되었다. 성삼문, 박팽년 등은 처형된 뒤 한강 기슭 노량진에 묻혔는데 이곳이 현재 사육신역사공원이며, 정조의 명으로 1782년에 안진경 글자를 집자해 묘비를 건립했다.

서울시 동작구 노량진동 사육신역사공원에 가면 조선시대 대표 충신 사육신의 묘와, 당 충신 안진경의 글씨로 새긴 사육신 묘비를 함께 볼 수 있다.

위지)、李垲(이개)、柳诚源(유성원)和俞应孚(유응부)。由于一同参与义举的金礩(김질)的告发，主要参与人物成三问、李垲、河纬地、朴仲林、金文起、成胜、俞应孚、尹铃孙、权自慎、朴崝、宋石仝、李徽等人于1456年7月10日在军器监前面，朝臣众目睽睽之下被施以车裂刑。柳诚源在被抓之前在家和妻子一起结束了自己的生命。他们的亲生子女都被处以绞刑，家里的妇女成为了奴婢，家产也全部被没收。

南孝温的《六臣传》里详细记载了他们六位的事迹，后世将他们视为忠节的象征。1691年死六臣的官爵被恢复。成三问、朴彭年等人被处刑以后，他们的尸骨被掩埋在汉江沿岸的鹭梁津，现在这里被建成死六臣历史公园，1782年奉正祖之命采用颜体建立了集字碑。

如果去首尔市铜雀区鹭梁津洞死六臣历史公园，就可以见到朝鲜时代的代表性忠臣死六臣的墓地，以及采用唐朝忠臣颜真卿书法刻制而成的墓碑。

首尔

⑪

주자학의 창시자 주희의 글씨 : 〈명륜당〉 편액과 〈백세청풍〉

朱子学创立者朱熹的书迹 : 〈明伦堂〉匾额和〈百世清风〉

조선(1392~1910년)은 주자(朱子)와 그의 학문인 주자학(朱子學), 주자성리학(朱子性理學)을 500년 역사 동안 국가의 이념으로 삼았다. 주자성리학을 국시(國是)로 천명하고 건국된 조선은 성리학적 이상 국가를 건설하기 위해 통치, 교육, 생활 등 모든 분야에서 주자학을 기본으로 삼았다. 누군가는 이를 조선의 발전을 저해한, 나아가 망국으로 이끈 요인이라고 주장하기도 하고, 또 누군가는 조선의 정체성과 고유문화 창달의 원동력으로 보기도 한다.

주자로 칭송되는 주희(朱熹, 1130~1200년)는 남송(南宋)의 유학자로 우주가 형이상학적인 '이'(理)와 형이하학적인 '기'(氣)로 구성되어 있다고 보았다. 인간에게는 선한 '이'가 본성으로 나타

在朝鲜时代(1392~1910年)，朱子和他的朱子学、朱子性理学确作为治国理念贯穿了朝鲜王朝500年历史。有观点认为这是阻其发展、致其亡国的障碍因素，也有观点认为朱子学是朝鲜时代认同感形成和固有文化畅达的原动力。

朝鲜王朝以朱子性理学为治国之本，为建立一个性理学的理想国家，其在政治、教育、生活等所有领域都将朱子学视为根本。因此，朝鲜王朝又被称为“朱子之国”。

朱熹(1130～1200)被尊称为“朱子”，是南宋时期儒学家。朱熹认为宇宙万物皆由形而上者“理”和形而下者“气”构成。“理”于人是先天的善性所在，只是由于后天之“气”清浊不同而生善恶，需“格物”以致知。

朱熹倾毕生精力注释古籍。在朝鲜时代，由朱子注释的论语、孟子、大学、中庸“四书集注”和诗经、书经、周易等“三经集注”是必学之作。此外，由朱子撰写的《家礼》更是朝鲜时代礼法的根本。由此可见，朝鲜时代是从思想到生活都基于朱子学的“朱子之国”。

因此，在首尔探寻朱子古迹看似容易，然而寻其书迹并非易事。流传至今的仅有成均馆的〈明伦堂〉和仁王山的〈百世清风〉两处作品。

成均馆是于高丽时代1308年，修改原名成均监而新设的儒学教育机构。(高丽成均馆位于今朝鲜开城。)李氏朝鲜取代高丽后，将都城迁至汉阳(今首尔)，宗社、朝市、城郭、宫室制度一经建立，便在都城东北侧确立新成均馆位置，并于1397年3月开始兴建，

나지만 불순한 '기' 때문에 악하게 되며 '격물'(格物)로 이 불순함을 제거할 수 있다고 하였다.

주희는 평생에 걸쳐 여러 경전에 주(注)를 달게 되는데, 조선에서는 이 주자주(朱子注)의 논어·맹자·대학·중용 등 사서(四書)와, 시경(詩經)·서경(書經)·주역(周易, 易經) 등 삼경(三經)의 수학이 필수였다. 또 주자가 지은 가례(家禮), 즉 주자가례는 조선시대 예법의 기본이 되었으므로 조선은 사상과 생활의 기초를 주자학에 둔 '주자의 나라'였다.

그렇기 때문에 주자의 흔적을 서울에서 찾는 것은 쉬운 일로 보이지만 주자의 글씨를 찾는 것은 쉽지 않아서 단 두 점만이 전해진다. 하나는 성균관의 〈명륜당〉과 인왕산의 〈백세청풍〉(百世淸風)이다.

성균관은 고려 시대인 1308년 성균감(成均監)을 고쳐 유학 교육기관으로 설립했으며, 고려의 성균관은 개성에 남아 있다. 조선이 건국된 이후 서울로 도성을 옮기면서 종사(宗社)·조시(朝市)·성곽(城郭)·궁실(宮室)의 제도가 마련되자 도성의 동북쪽에 위치를 정하고 1397년 3월에 건립을 시작해 1398년 7월에 완공되었다.

성균관은 여러 차례 중수(重修)를 거쳤지만 본래의 위치에 남아 있다. 성균관은 유생들의 교육기관이며, 함께 있는 문묘(文廟)는 공자 등 유현(儒賢)에 제향(祭享)하는 공간으로 성균관과 문묘의 중심 건물은 명륜당과 대성전(大成殿)이다. 조선은 각 도시에 '향교'라고 하여 명륜당과 대성전을 건립했는데, 현재도 각 지역에 남아 있으며, 봄가을로 유현을 위한 석전대제(釋奠大祭)를 올리고 있

〈주자초상〉(朱子肖像), 조선 후기, 종이, 80.2×56.8cm, 국립중앙박물관

〈朱子肖像〉, 朝鲜后期, 纸张, 80.2×56.8cm, 国立中央博物馆

다.

이 성균관 명륜당의 편액은 1440년 처음 걸었는데 대성전은 '대성지성지전'(大成至聖之殿)이라고 황금으로 쓰고, 명륜당은 그대로 청색으로 썼다. 하지만 임진왜란 때 이 현판들은 사라지고, 앞에서도 말했듯이 1606년 성균관의 중수가 마무리될 시점에 명에서 흠차정사로 오는 한림원수찬(翰林院修撰) 주지번에게 부탁해 제작한 것이다. 주지번의 대성전 알성(謁聖)이 예정되어 있었는데, 명륜당에 걸맞은 글씨를 찾지 못하자 주지번에게 부탁해 서울로 오는 도중에 미리 글씨를 받아서 편액을 제작해 걸었다.

주지번의 〈성균관〉 편액 뒤에 걸려 있는 작품이 바로 주자가 쓴 〈성균관〉이다. 조선에서는 같은 이름의 편액이 2개가 있을 경우 존귀한 작품을 건물 안에 걸어 풍우에 훼손되지 않게 하는데 이러한 이유로 주지번의 글씨가 밖, 주자의 글씨가 안쪽에 걸리게 된 것이다.

주자의 〈성균관〉은 '성균관'이라고 큰 글자를 쓰고, 옆에 작은 글자로 '신안주희서'(新安朱熹書)라고 썼다. 이 글씨는 황호(黃床, 1604~1656년)가 1651년 사은사(謝恩使) 부사(副使)로 북경에 다녀오면서 얻어 온 것이라고 한다. 이 글씨에 대해서 오준(吳竣, 1587~1666년)은 진적(眞蹟), 김익희(金益熙, 1610~1656년)는 주자의 글씨가 아니라고 했으나 숙종의 명으로 걸게 되었으며, 금으로 칠해 현재까지 전래되고 있다. 강릉향교, 남원 운봉향교, 밀양향교, 상주향교, 성주향교, 울산향교, 익산 여산향교, 진도향교, 포항 흥해향교 등에 동일한 〈명륜당〉 글씨가 남아 있다.

1398年7月完工。

成均馆虽历经多次重建，但都保留在了原来位置。成均馆是儒生接受教育之地，文庙用来纪念孔子等儒学先贤，位于成均馆和文庙中央的建筑为明伦堂和大成殿。在朝鲜时代，各地多兴建“乡校”，设明伦堂和大成殿。如今韩国各地留存的“乡校”，每年春秋两季仍会举办儒学先贤释奠大祭。

成均馆的明伦堂匾额于1440年首次悬挂，大成殿以金字写有“大成至圣之殿”字样，明伦堂则以青色写成。然而万历朝鲜战争

주희, 〈명륜당〉, 나무, 서울 성균관 | 〈明伦堂〉, 朱熹, 木刻, 首尔成均馆

서울에 있는 주자의 두 번째 글씨는 인왕산의 〈백세청풍〉이다. 이 글씨는 커다란 바위 위에 횡서(橫書)로 새겨져 있는데 이 글씨 역시 긴 내력이 있다. 주희가 쓴 〈백세청풍〉이라는 글씨는 '백세(百世)의 맑은 기풍(氣風)'이라는 뜻으로 『맹자』에서 "백이는 성인 중에 깨끗한 자이다"(伯夷聖之淸者也. 「萬章」下), "성인은 백세의 스승이니 백이와 유하혜가 바로 그러한 분이다"(聖人百世之師也, 伯夷柳下惠是也. 「盡心」下)라고 한 내용에서 취한 것으로 백이(伯夷)와 숙제(叔齊)를 칭송하는 말이다.

백이와 숙제는 은나라 말기의 고사(高士)로 주(周) 무왕이 은나라를 정벌하는 것을 만류하였으며, 은나라가 망하고 주나라가 천자국이 되자 주나라의 녹을 먹는 것을 부끄러워하여 수양산에 들어가 고사리를 채취해 먹다가 죽었다고 한다.

이 백이와 숙제를 기리기 위한 사당인 이제묘(夷齊廟)가 하북성 난현(滦县, 滦州市)에 있었는데 조선의 사신들이 북경으로 가는 사행길에 위치하고 있었으며, 사신들이 이곳을 자주 들렀던 것으로 보인다. 서호수(徐浩修, 1736~1799년)는 이제묘의 화표(華表) 정북(正北)의 돌문에 '청풍가읍'(淸風可挹)이라는 건륭제의 글씨가 있으며, 그 좌우 원장(垣墻)에 '백세청풍' 네 글자를 돌에 새겨 끼워 넣었다고 기록했다.

조선에서도 백이와 숙제를 기리고자 하는 마음에 사당을 건립하는데, 이들이 은거했던 '수양산'과 같은 이름의 '수양산'이 황해도 해주에 있어서 이곳에 해주 유생들이 수양사(首陽祠)를 세웠는데, 1701년 청성묘(淸聖廟)라는 어필(御筆)이 사액(賜額, 현판을 국

之时，这些匾额下落不明。1606年成均馆重修即将结束之际，特向以明朝钦差正使身份前来朝鲜的翰林院修撰朱之蕃(1546～1624)托付书迹，制成新匾。当时既定朱之蕃在大成殿谒圣，但由于没有找到与明伦堂相称的字迹，故而托付朱之蕃书写并在其赶赴汉阳途中提前拿到后制作匾额悬挂。

朱之蕃所写〈明伦堂〉匾额后面悬挂的作品便是朱子的〈明伦堂〉书迹。在朝鲜时代，两块同名匾额同时存在时，会将更加尊贵的作品挂在建筑内部，以免风吹雨淋。也因此，将朱之蕃字迹悬挂在外，朱子书迹悬挂在内。

朱子的〈明伦堂〉三个大字旁边以小字题有"新安朱熹书"字样。根据记载，该书迹为黄㦿(1604～1656年)于1651年作为谢恩使副使出使燕京(今北京)时所获。对于这一作品，吴竣(1587～1666)称其为真迹，金益熙(1610～1656)则主张并非朱子所写。尽管如此，肃宗仍下令漆金悬挂并流传至今。

如今，在江陵乡校、南原云峰乡校、密阳乡校、尚州乡校、星州乡校、蔚山乡校、益山砺山乡校、珍岛乡校、浦项兴海乡校等地仍留传着同样的〈明伦堂〉字迹。

首尔可探的第二处朱子书迹为仁王山的〈百世清风〉。该书迹以横书体刻于岩石之上，同样也是有着长久的来历。朱熹所书〈百世清风〉释为"万古清风高节"之意，取自《孟子·万章下》中"伯夷，圣之清者也""圣人，百世之师也,伯夷、柳下惠是也。"，乃是称颂伯夷和叔齐的章句。

伯夷、叔齐乃是商末高士，曾谏阻武王伐纣。殷商灭亡后，

왕이 내려 줌)되었다. 1708년에 이언경(李彦經, 1653~1710년)이 황해도 관찰사로 있으면서 '백세청풍' 네 글자를 얻어 판각(板刻)해 벽에 걸려고 했으나 아쉽게도 완성하지 못했다. 시간이 흘러 1727년 황해도 관찰사 정시선(鄭是先)과 해주 판관 조명정(趙命禎)이 이 글씨를 비석에 새기게 되었다.

이후로 이 '백세청풍' 글씨는 충절을 중시하는 조선에서 매우 유명해지는데, 고려 말 조선 초의 충신 야은(冶隱) 길재(吉再, 1353~1419년)의 사당인 금산 청풍사(淸風祠)에 '백세청풍'을 새긴 비석이 건립되었다. 생육신 중 한 사람인 어계(漁溪) 조려(趙旅)의 채미정(採薇亭)에 '백세청풍' 편액이 있으며, 채미정 앞 절벽에도 새겨져 있다. 함안의 일두(一蠹) 정여창(鄭汝昌) 고택에도 '백세청풍' 편액이 걸려 있다. 이 밖에도 장흥 부춘정(富春亭) 등에 주희의 '백세청풍' 글씨가 남아 있다.

이와 동일한 작품이 서울 인왕산 청풍계의 큰 바위에 새겨져 있다. 이 청풍계는 조선시대에 명승으로 이름이 높았던 곳으로 충신인 선원(仙源) 김상용(金尙容, 1561~1637년)의 옛 집이 있던 곳으로 이후 안동 김씨가 대대로 살던 곳이다. 그래서 18세기 진경산수화의 대가인 겸재(謙齋) 정선(鄭敾, 1676~1759년)이 이 청풍계(淸風溪)를 소재로 여러 작품을 남기기도 했다.

이 청풍계에는 여러 명승이 있는데 그중 빙허대(憑虛臺) 위 바위는 진의암(振衣巖)이라고 불렸다. 이는 서울을 굽어보면 세속에서 벗어나 있는 듯하여 붙여진 이름이며, 이 바위에 주희의 〈백세청풍〉 대자(大字)가 새겨져 있었고 이로 인해 청풍대(淸風臺)라는

二人耻食周粟，采薇而食，饿死于首阳山。

纪念伯夷叔齐的祠堂-夷齐庙位于河北省滦县，这里是朝鲜使臣们出使燕京的必经之路，因此常有使臣们前去拜谒。徐浩修(1736～1799)记载，夷齐庙的华表正北石门上刻有乾隆帝题写的"清风可挹"字样，其左右砖屏上镶有"百代清风"四字石刻。

当时朝鲜也为了纪念伯夷叔齐而修建祠堂。在黄海道海州有与伯夷叔齐隐居地同名的"首阳山"，因此海州儒生在此修建了"首阳祠"，并在1701年得御笔赐"清圣庙"匾额。1708年，黄海道观察使李彦经(1653～1710年)得到"百世清风"四字书迹后本想雕版后悬挂，但遗憾未能完成。1727年，黄海道观察使郑是先与海州判官赵命祯终得将该书迹碑刻完成。

此后，〈百世清风〉字样在重视忠节的朝鲜时代日渐闻名。丽末鲜初的忠臣冶隐吉再(1353～1419)之祠堂--锦山清风祠内刻立了〈百世清风〉石碑，"生六臣"之一--渔溪赵旅的"採薇亭"上挂有〈百世清风〉匾额，採薇亭前的绝壁上也刻有同样四字。此外，在咸安一蠹郑汝昌的古宅中也挂有〈百世清风〉匾额，在长兴富春亭等地也有留存朱熹的〈百世清风〉书迹。

还要提到的是，首尔仁王山青枫溪的大岩石上也刻有同样的字迹。清枫溪作为朝鲜时代的名胜久负盛名，这里曾是忠臣仙源金尚容(1561～1637)古宅的所在地，也是安东金氏世代居住的地方。18世纪的真景山水画大师谦斋郑敾(1676～1759)便以清风溪为素材留下了多部作品。

清风溪有多处名胜，其中凭虚台上的岩石被称为振衣岩，其

겸재 정선, 〈청풍계〉, 《장동팔경첩》(壯洞八景帖), 18세기, 종이, 33.1×29.5cm, 국립중앙박물관
谦斋郑敾, 〈清风溪〉, 〈壮洞八景帖〉, 18世纪, 纸张, 33.1×29.5cm, 国立中央博物馆

주희, 〈백세청풍〉, 18세기 새김, 서울시 종로구 청운동 52-111
朱熹、〈百世清风〉, 18世纪刻制, 首尔市钟路区清云洞52-111

다른 이름도 있었다고 한다. 이러한 내용이 기록된 김양근(金養根, 1734~1799년)의 「풍계집승기」(楓溪集勝記)가 1790년에 지어졌기 때문에 이 〈백세청풍〉은 18세기에 새겨진 것임을 알 수 있다.

〈백세청풍〉을 보면 김익희가 〈명륜당〉 글씨를 왜 진품이 아니라고 했는지 알 수 있는데 두 작품의 서풍(書風)이 매우 다르기 때문이다. 〈백세청풍〉은 중국에 전래되는 주희의 여러 글씨들과 가까우며 필세(筆勢)가 웅장한 데 반해 〈명륜당〉은 매우 단정하다. 진위의 문제도 있을 수 있으나 〈백세청풍〉은 백이와 숙제의 고절(高節)을 드높이기 위한 글씨이므로 기운차고, 〈명륜당〉은 선현의 가르침을 배우는 곳이기에 온화하게 쓴 것이 아닐까 생각해 본다.

'주자의 나라'답게 조선 곳곳에 〈백세청풍〉과 〈명륜당〉 글씨가 새겨져 있으며, 주자의 초상화도 많은 작품이 남아 있으므로, 서울을 시작으로 이 작품들을 찾아다니는 것도 좋은 여행이 될 듯하다.

因‘俯瞰首尔，仿若脱离尘世”而得名，该岩石上刻有朱熹的〈百世清风〉大字，因此也曾称作“清风台”。记载这些内容的金养根(1734～1799)著作《枫溪集胜记》创作于1790年，由此可知〈百世清风〉应刻制于18世纪。

若看〈百世清风〉，可知金益熙为何主张〈明伦堂〉书迹并非朱子真迹，原因在于两幅作品的书风十分迥异。〈百世清风〉与中国传入的朱熹多幅字迹相近，其笔势雄壮，而〈明伦堂〉字体则非常端正。暂且不论真伪，笔者认为〈百世清风〉或因是尊崇伯夷叔齐清风高节之字，故而气势恢弘，而〈明伦堂〉是学习先贤教诲之地，故而字体温和。

总之，朝鲜王朝不愧为“朱子之国”，〈百世清风〉和〈明伦堂〉字刻多处可寻，朱子的肖像画也保留下来很多作品，从首尔开始探寻这些作品将会是一次很好的旅行。

首尔

⑫

한양의 도시 계획과 『주례』

汉阳都城计划与《周礼》

서울은 1394년 조선의 수도로 정해진 뒤 현재까지 600여 년간 우리나라의 수도로 정치·경제·문화의 중심지다. 삼국시대부터 서울의 중요성은 이미 알려져 있었으며, 백제, 고구려, 신라 순으로 서울을 차지했다.

서울은 육로 교통에서도 요충지이지만 한강을 중심으로 하는 수운(水運)의 중심지로, 한강 수계의 강원, 충북, 경북, 서남해안 등 국내 조운(漕運)의 편리함이 있었다. 또한 인천, 당진 등에서 중국으로 가는 항로가 열려 있었다.

서울은 백악(白岳, 北岳), 낙산(駱山, 駝駱山), 목멱산(木覓山, 南山), 인왕산 등의 산이 에워싸고 있으며, 북쪽에 북한산이 우뚝 솟아 군사·지리적 조건이 뛰어난 곳이다. 그래서 고려 시대에는 서

自1394年被指定为朝鲜王朝首都以来，至今600余年间首尔一直是韩国的政治、经济、文化中心。三国时代起，首尔的重要性便已广为人知，百济、高句丽、新罗曾先后占据这里。

首尔虽为陆路要道，更作为汉江水系的中心便利了江原、忠北、庆北、西南海岸等地的国内漕运。同时，也为仁川、唐津等地打开了通向中国的航路。

首尔被白岳山、骆山、木觅山、仁王山等群山环绕，北有北汉山巍然耸立，具有优越的军事地理条件。因此，在高丽时代首尔被称为"南京"，文宗(1046~1083)曾在此修建都城(1067)，肃宗(1095~1105)甚至曾计划迁都。

汉阳都城也由此被作为首尔的行政区域和军事设施，沿接白岳山、仁王山、木觅山、骆山四山，绵延18公里筑建而成。

首尔汉阳都城有"四大门"和"四小门"，所谓"四大门"是指东侧的兴仁之门、西侧的敦义门、南侧的崇礼门、北侧的肃靖门；所谓"四小门"是指东北的弘化门、东南的光熙门、西北的彰义门和西南的昭德门。从这里可以看出，"四大门"名称中蕴含着儒家思想的"仁义礼智"。若再加上首尔的"钟阁"-普信阁，亦可释义为蕴含着"仁义礼智信"。

若问朝鲜时代首尔最重要的建筑，那便是王所居住的宫殿——"景福宫"和供奉王室先祖的祠堂——"宗庙"，以及祭祀土神和谷神的"社稷"。历史剧中之所以经常出现"宗庙和社稷"、"宗社"等词语，也是因为传统王朝最重要的价值就是宗庙和社稷。

因此，1394年8月13日，朝鲜太祖在首尔环顾宫址后将其定

울을 '남경'(南京)이라고 불렀고 문종(재위1046~1083년)은 궁궐을 지었으며(1067년), 숙종(1095~1105년)은 천도 계획까지 세우기도 했다. 한양 도성은 이런 서울의 행정구역이자 군사시설로서 백악산, 인왕산, 목멱산, 낙산의 네 산을 연결해 약 18킬로미터에 걸쳐 축조되었다.

한양 도성에는 사대문(四大門)과 사소문(四小門)이 있는데 사대문이란 동쪽의 흥인지문(興仁之門), 서쪽의 돈의문(敦義門), 남쪽의 숭례문(崇禮門), 북쪽의 숙청문(肅淸門, 肅靖門)을 말하고, 사소문이란 동북의 홍화문(弘化門, 惠化門), 동남의 광희문(光熙門), 서북의 창의문(彰義門), 서남의 소덕문(昭德門)을 말한다. 여기서 사대문 이름에 유교의 덕목인 '인의예지'(仁義禮智)가 담겨 있다는 것을 알 수 있다. 서울의 종각인 보신각을 더해 '인의예지신'으로 풀이하기도 한다.

조선시대 서울에서 가장 중요한 건축물은 무엇이었을까? 바로 왕이 사는 궁궐 경복궁과 왕의 조상을 모시는 사당인 종묘(宗廟), 토지와 곡식의 신에게 제사 지내는 사직(社稷)이다. 역사극 등에서 '종묘와 사직', '종사'(宗社)라는 말이 자주 등장하는 것도 전통 왕조에서 가장 중요한 가치가 종묘와 사직이었기 때문이다.

1394년 8월 13일 조선 태조는 현재의 서울에 궁궐터를 둘러보고 도읍으로 정했는데 이날 바로 종묘를 지을 터를 살펴보았다. 이미 1년 전인 1393년에 '새 도읍의 종묘·사직·궁전·조시(朝市)를 만들 지세(地勢)의 그림' 즉 서울의 도시계획이 마련되었다. 서울의 도시 계획에서 가장 먼저 고려된 것이 종묘·사직·궁전·조시라

为都邑，并在同日当即察看了修建宗庙的选址。实则早在一年前的1393年，便制定了”建造新都邑宗庙·社稷·宫殿·朝市的地势图”，即古首尔的都城规划。

将宗庙、社稷、宫殿、朝市列为首要这一点，说明其是按《周礼》规划布建的。作为记录中国周王朝职官制度和战国时期各国制度的典籍，《周礼》曾是中国和韩国职官制度的标准。其中《冬官考工记》中记载了古代都城主要设施配置的原则。

“匠人营建都城，九里见方，都城四边每边三门。〔匠人營國，方九里，旁三門〕城中九条南北大道、九条东西大道，每条大道容九辆车并行。〔國中九經九緯，經途九軌〕王宫路门外左建宗庙，右建社稷坛；王宫路寝前面为朝，北宫后面为市；每市和每朝各百步见方。〔左祖右社，面朝後市，市朝一夫〕”

首尔多山坡，且清溪川及其支流众多，因此无法像上述一样九里见方建城。但严格遵循了以宫殿为中轴，“左祖右社前朝后市”的都城规划标准。

“左祖右社”一般被改用为“左庙右社”，即左边建宗庙，右边建社稷。按照传统方向，左侧为日出之东，右侧为日落之西，故而东侧为宗庙，西侧为社稷，首尔也沿用了这一布局。

“面朝后市”是指以宫殿为中轴，将相当于行政部门的朝廷建在前面，商品生产和交易活动的市场建在后面。按此原则，景福宫的南侧建成了类似如今政府大楼的吏曹、户曹、礼曹、兵曹、刑曹、工曹等六曹。市场本应建在景福宫后面，但由于首尔的地形，改为在六曹南侧的钟路开市。

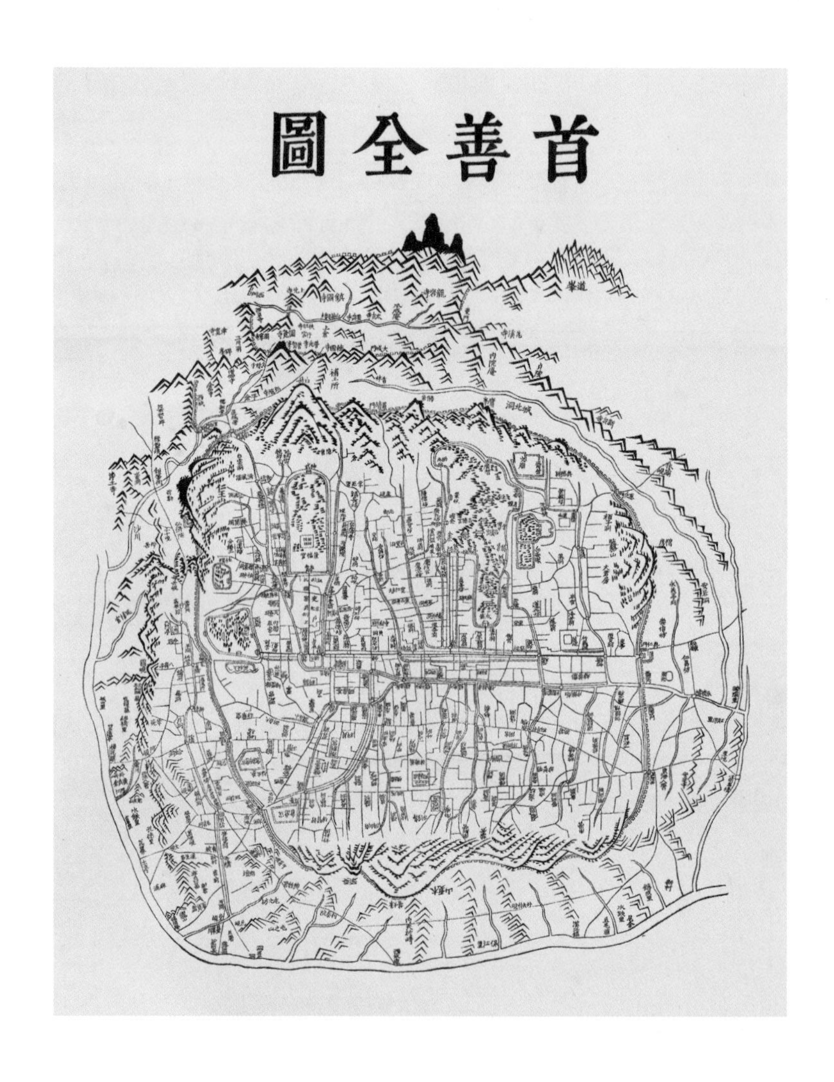

〈서울전도〉(首善全圖), 조선 19세기, 종이, 100.5×74.5cm, 국립중앙박물관

《首尔全图》, 朝鲜19世纪, 纸张, 100.5×74.5cm, 国立中央博物馆收藏

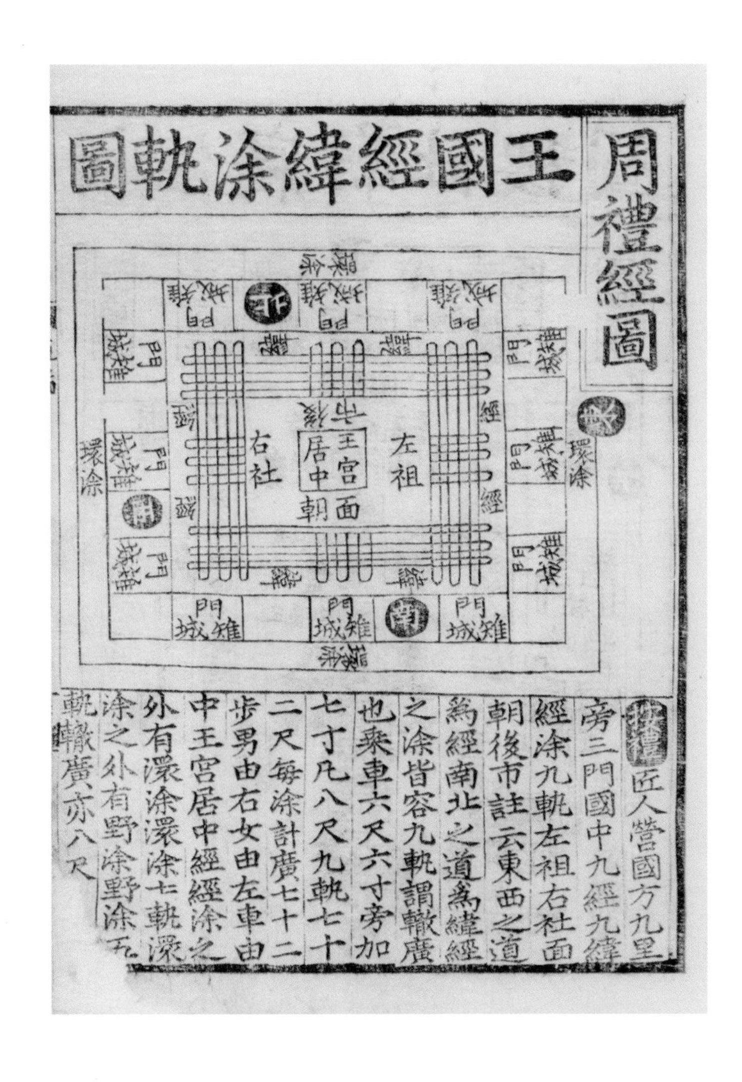

周禮經圖

王國經緯涂軌圖

匠人營國方九里旁三門國中九經九緯經涂九軌左祖右社面朝後市註云東西之道爲經南北之道爲緯經之涂皆容九軌謂轍廣也乘車六尺六寸旁加七寸凡八尺九軌七十二尺每涂計廣七十二步男由右女由左車由中王宮居中經經涂之外有環涂環涂七軌環涂之外有野涂野涂五軌轍廣亦八尺

『주례』의 〈왕국경위도궤도(王國經緯涂軌圖)〉, 조선, 종이에 먹, 30.7×18.4cm, 수원화성박물관

《周礼》中的《王国经纬涂轨图》, 朝鲜, 纸墨, 30.7×18.4cm, 水原华城博物馆

는 점은 이 계획이 『주례』(周禮)를 바탕으로 하고 있기 때문이다. 『주례』는 중국 주(周) 왕실의 관직 제도와 전국시대(戰國時代) 각국의 제도를 기록한 책으로, 중국과 우리나라에서 관직 제도의 기준이 되었다. 이 중 「동관고공기」(冬官考工記)에는 고대 도성의 주요 시설 배치의 원칙이 실려 있다.

"건설자들이 도성을 만들 때 모양은 정사각형이고 각 측면의 길이는 9리이며 매 측면마다 세 개의 문을 만든다(匠人營國, 方九里, 旁三門). 도성 안에는 아홉 개의 남북으로 잇는 길과 아홉 개의 동서로 잇는 길을 만든다. 남북으로 잇는 길은 아홉 개의 수레가 다닐 수 있도록 한다(國中九經九緯, 經途九軌). 왼쪽에는 종묘를 오른쪽에는 사직단을 두며, 앞에는 조정을 뒤에는 시장을 배치한다. 시장과 조정은 모두 일부의 면적으로 한다(左祖右社, 面朝後市, 市朝一夫)."

서울은 언덕이 많고, 청계천과 그 지류가 곳곳에 있기 때문에 위 내용처럼 정방형의 9리로 도시를 구획할 수 없었다. 대신 궁궐을 중심으로 도시계획을 하면서 '좌조우사 전조후시'(左祖右社 前朝後市)라는 내용을 충실히 따르려고 했다.

'좌조우사'는 일반적으로 '좌묘우사'(左廟右社)로 변용되는데 왼쪽에 종묘, 오른쪽에 사직을 건립한다는 뜻이다. 전통적인 방향으로 왼쪽은 해가 뜨는 동쪽, 오른쪽은 해가 지는 서쪽을 뜻하므로, 동쪽에 종묘, 서쪽에 사직을 두는데 서울도 이와 같은 배치를 그대로 사용하고 있다.

자금성의 태묘(太廟), 명 15세기, 북경시 | 紫金城太庙, 明15世纪, 北京市

종묘 정전(正殿), 조선 17세기, 서울시 | 宗庙正殿, 朝鲜17世纪, 首尔市

'면조후시'(面朝後市)는 궁궐을 중심으로 행정부서에 해당하는 조정(朝廷)은 그 전면에, 상품생산과 교역 활동이 이루어지는 시장은 후면에 각각 설치하는 것을 가리킨다. 이에 따라 경복궁의 남쪽에 현재의 정부 청사와 같은 이조(吏曹), 호조(戶曹), 예조(禮曹), 병조(兵曹), 형조(刑曹), 공조(工曹) 등 육조가 조성되었다. 시장은 경복궁의 뒤편에 건립되어야 하지만 서울의 지형상 육조의 남쪽 종로에 시전이 개설되는 변용이 있었다.

조선의 종묘와 사직단은 일제강점기에 일부 훼손되기도 했으나 현대에 복원 공사를 진행해 제 모습을 거의 찾게 되었다. 종묘는 종묘제례악(宗廟祭禮樂)이 일제강점기에도 단절되지 않고 전수되어 건축물들과 함께 세계문화유산으로 지정되기도 했다.

만약 북경에서 종묘와 사직을 찾으려 한다면 우리와는 조금 다르다는 것을 알아야 한다. 북경의 종묘, 즉 명청의 태묘(太廟)와 사직단은 자금성 내부에 있다. 천안문으로 들어가면 단문(端門)이 나오는데 이 단문의 동쪽에 태묘, 서쪽에 사직단이 있다. 사직단은 현재 중산공원(中山公園)으로 불리어 혼동할 수도 있다. 조선과 명청은 동일한 『주례』를 따라 궁궐과 종묘, 사직단을 건립했지만 조선은 궁궐 밖 동서에, 명청은 궁궐 내부 동서에 배치한 것은 흥미로운 차이점이다.

또 흥미로운 것은 조선이 처음 건국되었을 때 고려와 마찬가지로 개경(開京)을 수도로 삼았는데 고려의 종묘를 허물고 그곳에 다시 조선의 종묘를 지었다. 이와는 다르게 명의 자금성을 함락시킨 청은 명의 태묘를 그대로 자신들의 태묘로 사용했다. 그래서 현

韩国宗庙和社稷坛在日帝强占期曾被部分损毁，后经复原已基本恢复了原貌。宗庙祭礼乐在日帝强占期也从未间断传承，与宗庙建筑群一起被指定为世界文化遗产。

若是想要在北京探迹那里的宗庙和社稷，需要了解彼我间略有差异。北京的宗庙，即明清的太庙和社稷坛位于紫禁城内部。进入天安门即可见端门，端门的东侧为太庙，西侧为社稷坛，社稷坛现名中山公园，因此可能会有些混淆。虽然朝鲜王朝和明清均按照《周礼》兴建了宫殿、宗庙和社稷坛，但古朝鲜是在宫城外沿东西向，明清则在宫城内沿东西两侧布局，这是一个非常有趣的区别。

자금성 태묘의 내부 천정, 명 15세기, 북경시

재 자금성의 태묘에 가면 15세기에 지은 명나라 태묘의 모습을 볼 수 있다. 한국과 중국의 태묘(종묘), 사직을 비교해 보는 것도 두 나라 문화의 공통점과 차이점을 살펴볼 수 있는 기회가 될 것이다.

另一处有趣的差异是，朝鲜王朝建国之初，同高丽一样将开京作为了首都，并在拆毁高丽的宗庙后在那里重新修建了朝鲜的宗庙。但不同的是，清王朝在攻陷明紫禁城后，直接将明朝的太庙用作了清朝的太庙。正因如此，如今去紫禁城的太庙，还可以看到15世纪建造的明朝太庙旧貌。整体来看，比较韩中两国的太庙(宗庙)和社稷，也不失为一个可以窥见彼此文化异同的机会。

首尔
⑬

광화문에 그려진 하도낙서

绘制在光化门的河图洛书

우리가 흔히 사용하는 '도서'(圖書)라는 말은 어디에서 시작한 것일까? 이 '도서'의 상징이 서울의 중심 광화문에 그려져 있다는 사실이 최근에야 밝혀졌다.

광화문은 경복궁의 정문으로 지어졌으며, 1395년 9월 29일 경복궁의 준공 기록을 보면 "궁성을 쌓고 동문은 건춘문(建春門)이라 하고, 서문은 영추문(迎秋門)이라 하며, 남문은 광화문(光化門)이라 했는데, 다락[樓] 3간이 상·하층이 있고, 다락 위에 종과 북을 달아서, 새벽과 저녁을 알리게 하고 중엄(中嚴)을 경계했으며, 문 남쪽 좌우에는 의정부(議政府)·삼군부(三軍府)·육조(六曹)·사헌부(司憲府) 등의 각사(各司) 공청이 벌여 있었다."라고 해서 광화문의 위치와 역할을 짐작할 수 있다.

我们经常使用的“图书”一词是从哪里开始的呢？ 直到最近，才发现“图书”的象征被绘制在首尔的中心——光化门上。

光化门是景福宫的正门，1395年9月29日景福宫竣工记录显示“筑宫城，东门为建春门，西门为迎秋门，南门为光化门，阁楼三间为上、下层，阁楼上设有钟和鼓以报晨暮和中庭戒备，门南侧的左右为议政府、三军府、六曹、司宪府等各司公厅”。由此，可以推测出光化门的位置和作用。

根据这份记录，不到十天后的1395年10月7日，郑道传在给景福宫和各殿阁命名之时，以“正门”取代了“光化门”，并赋以“开门迎四方觐见是为‘正’之大义”。然而因“光化门”这一名称较

광화문, 2010년 복원, 서울시 | 光化门, 2010年复原, 首尔市

이 기록에서 열흘도 안 된 1395년 10월 7일 정도전이 경복궁과 각 전각의 이름을 지어 올리면서 '광화문' 대신 '정문'이라고 했으며, "(문을) 열어서 사방의 어진 이를 오도록 하는 것이 정(正)의 큰 것입니다."라는 의미를 부여했다. 그러나 '정문' 대신 '광화문'이라는 이름이 기록에 자주 등장해 실제로 '광화문'으로 불린 것으로 보인다. 그리고 30년이 지난 1426년 세종대왕이 경복궁을 정비하면서 다시 광화문이라고 이름했다.

광화문은 종과 북을 달아서 새벽과 저녁의 시간을 알리고, 그 앞에서 무과(武科) 등을 치르기도 했다. 백관(百官)들은 광화문의 동서 협문(挾門)으로 들어오는데, 문관은 동쪽, 무관은 서쪽으로 출입했다. 명에서 사신이 오면 명 황제의 조칙(詔勅)·고명(誥命)·용정(龍亭)은 광화문의 정문으로 들어가고, 명의 사신들은 협문으로 들어가기도 했다.

임진왜란(1592년)으로 불탄 경복궁과 광화문은 1868년 재건되었지만 일제강점기에 경복궁 동쪽으로 옮겨지고, 한국전쟁 때 화재로 사라졌다가 1968년 철근콘크리트 구조로 다시 지어졌다. 2010년 전통적인 목조건축으로 재건되어 우리나라의 파란만장한 역사와 궤를 같이하고 있는 상징적 문화재이다.

광화문에는 3칸의 문이 있는데 그곳의 천정에 그림이 그려져 있다. 최근 발견된 경복궁 중건 보고서인 『경복궁영건일기』(景福宮營建日記)에는 "광화문의 어칸(御間)에는 쌍봉(雙鳳), 서협문(西挾門)에는 낙귀부서(洛龜負書, 洛水의 神龜가 洛書를 지다), 동협문(東挾門)에는 하마부도(河馬負圖, 黃河의 龍馬가 河圖를 지다), 건춘

“正门”更经常出现在记录中，由此实际上被称作“光化门”。30年后的1426年，世宗大王在整备景福宫时，再次将其定名为“光化门”。

光化门设有暮鼓晨钟，在其前也会举行武科科举等。百官们从光化门东西挟门进入，文官自东、武官自西出入。明朝使臣来访时，明朝皇帝的诏书、诰命、龙亭从光化门的正门进入，明朝使臣则从挟门进入。

万历朝鲜战争(1592年)时被焚毁的景福宫和光化门于1868年重建，但在日帝强占期光化门被迁移到了景福宫东门外，朝鲜战争时期再度被焚毁并在1968年以钢筋水泥结构被重建，直到2010年才得以恢复其传统木制结构。可以说，光化门是与韩国波澜壮阔的历史同轨的具有象征性的文化遗产。

光化门有三间门，那里的天顶上绘有图画。近期被发现的景福宫重建报告《景福宫营建日记》中记录道：“光化门中间有双凤，西挟门有洛龟负书，东挟门有河马负图，建春门有双龙，神武门有双龟，迎秋门有双麟。”

现在的光化门虹霓彩绘天顶确可见中间绘有双凤，东侧绘有两只龙马，西侧绘有双龟。这里重要的是这些绘画是以“洛龟负书”和“河马负图”来形象地描绘了“河图洛书”。

“河图”相传为伏羲氏从黄河负出的图，伏羲以此推演出八卦；洛书相传为夏禹时有神龟出洛水,背负文，夏禹据此提出“洪范九畴”。即，河图洛书是中国文化的起源，也是字体和图画的原型，“图书”一词也始于此。

1. 〈낙귀부서〉, 광화문 서쪽 홍예 천정화

2. 〈쌍봉〉, 광화문 어칸 홍예 천정화

3. 〈하마부도〉, 광화문 동쪽 홍예 천정화

3

1. 洛龟负书, 光化门西侧的虹霓彩绘天顶画
2. 双凤, 光化门中间虹霓彩绘天顶画
3. 河马负图, 光化门东侧的虹霓彩绘天顶画

문은 쌍룡(雙龍), 신무문은 쌍귀(雙龜), 영추문은 쌍린(雙麟)"이라고 기록되어 있다.

현재 광화문 홍예 천정에는 어간에 쌍봉, 동쪽에 두 마리의 용마, 서쪽에 두 마리의 거북이가 그려져 있는 것을 알 수 있다. 여기에서 중요한 것이 '낙귀부서'와 '하마부도'로 이른바 '하도낙서'(河圖洛書)를 형상화한 것이다.

하도는 복희씨(伏羲氏)가 황하에서 얻은 그림(圖)으로, 복희씨는 이를 바탕으로 팔괘를 만들었다고 하며, 낙서(洛書)는 하우(夏禹)가 낙수(洛水)에서 얻은 글로, 홍범구주(洪範九疇)를 만들었다고 한다. 즉 하도낙서는 중국 문화권에서 문화의 기원이자 글씨와 그림의 원형으로 알려져 있으며, '도서'라는 말도 여기에서 시작된 것이다.

우리나라에서는 이 하도낙서를 바탕으로 한 조형물, 미술품이 매우 적어서 그동안 이 동물들은 현무(玄武), 기린(麒麟) 등으로 알려져 있었다. 하지만 최근 『경복궁영건일기』의 발견으로 본래 의미를 되찾을 수 있었다. 그래서 이런 하도낙서가 광화문에 그려진 것은 '광화'라는 의미가 유교 문화를 백성들에게 빛처럼 미치게 한다는 의미를 담았다고 해석할 수 있다.

북경의 오탑사(五塔寺) 북경석각(石刻)박물관에는 1512년에 제작한 〈안공사석전〉(晏公祠石殿)이라는 작품이 있다. 이 작품은 향화(香火)를 올리는 시설인데 이곳에 하도낙서가 매우 자세히 그려져 있으며, 해설까지 새겨져 있다.

흥미롭게도 이 하도낙서를 베트남에서도 찾을 수 있다. 베트

在韩国，以河图洛书为基础创作的雕刻和美术作品非常少，一直以来这些彩绘动物都被认为是玄武、麒麟等。但直到最近随着《景福宫营建日记》的发现，才重新找回了其原本的意义。也因此，光化门上绘有河图洛书，可以解释"光化"蕴含着让儒家文化像光一样传播给百姓之意。

在北京五塔寺石刻博物馆内藏有于1512年创作的名为《晏公祠石殿》的作品。该作品为香火石殿，上面绘有非常详细的河图洛书并刻有解说。

有趣的是，在越南也可以找到河图洛书的痕迹。在越南末代王朝——阮朝(1802~1945)第4代皇帝——嗣德帝(Tu Duc，1829~1883)的谦陵中，出现了多处河图洛书，谦陵宝城门也采用镶嵌和湿壁画技法绘有河图洛书。

尽管如今无法清楚地知道这些动物象征着什么，但可以看出从中国起源的河图洛书，对于同属汉字、儒教、中国文化圈的韩国和越南等国产生了多大的影响。

〈안공사석전〉, 명 1512년, 돌, 북경시, 북경석각박물관

晏公祠石殿, 明1512年, 石殿, 北京石刻博物馆

赤文朱字書注
天錫禹書神
白文而出列
有數皆九

남의 마지막 왕조였던 응우옌왕조(阮王朝, 大南國, 1802~1945년)의 제4대 황제인 뜨득 황제(Tu Duc, 嗣德帝, 1829~1883년) 겸릉(謙陵)에 하도낙서가 다양하게 표현되어 있는데 보성문(寶城門)에는 모자이크와 프레스코 기법으로 하도낙서가 그려져 있다.

지금은 이러한 동물들이 무엇을 상징하는지 잘 알지 못하지만, 중국에서 발생해 한국과 베트남 등 한자·유교·중국 문화권에 얼마나 큰 영향을 끼쳤는지 알 수 있다.

뜨득 겸릉의 보성문, 19세기, 베트남 후에(順化) 시
嗣德谦陵宝城门, 19世纪, 越南顺化市

국립중앙박물관의 한(漢) 낙랑군 유물

国立中央博物馆中的汉乐浪郡遗物

일제강점기에 조선총독부박물관은 평양에서 중국 한의 군현이었던 낙랑군(樂浪郡)의 존재를 증명하기 위하여, 낙랑고분에 대한 발굴을 의욕적으로 추진했다. 한반도 남부에 일본의 식민지가 있었다는 임나일본부설(任那日本府說)과 함께 낙랑은 조선의 식민 지배를 정당화하기 위해 연구되었으며, 현재까지 낙랑의 실존 여부, 위치 등에 대해 여러 가지 학설이 존재한다.

낙랑은 서기전 108년 한무제(漢武帝)가 고조선을 점령하고 설치한 군으로 진번(眞蕃), 임둔(臨屯), 현도(玄菟) 등 이른바 한사군(漢四郡)의 하나였으며, 고구려에 점령된 313년까지 400여 년간 존속했다. 낙랑의 범위에 대해서는 고고학적 유물로 살펴볼 때 목곽묘가 출토되는 지역이 평양시, 평안남도, 남포시 황해남도, 황해

日帝强占期，朝鲜总督府博物馆为证明乐浪郡曾作为中国汉代郡县而存在，曾在平壤积极推进对乐浪墓葬的发掘。其目的是为了与所谓在朝鲜半岛南部设置过日本殖民地的“任那日本府说”一道，企图借乐浪郡研究将其对朝鲜半岛的殖民统治正当化。直到目前，关于乐浪实存与否、所在位置等仍存在各种学说。

乐浪是公元前108年汉武帝占领古朝鲜后设置的“汉四郡”(乐浪郡、真蕃郡、临屯郡、玄菟郡)之一，直到被高句丽夺取的313年，共存属400余年。关于乐浪郡的范围，从考古学遗物来看，曾出土木椁墓的地区包括平壤市、平安南道、南浦市、黄海南道、黄海北道等，由此可知，乐浪郡曾以该地区为中心持续了400余年。

若讲代表乐浪文化的作品，当属1916年于平安南道大同郡大同江面石岩里9号墓中发现的〈平壤石岩里金制铰具〉,该金器被指定为国造89号，现收藏于国立中央博物馆。

该金器属腰带的带扣部分，整器由敲击金板制成，扣面使用镶贴细小金粒和金丝的镂金技法加以装饰，其间嵌入青绿色绿松石，扣面原本镶嵌有41颗宝石，现仅残留7颗。整器表面以浮雕单龙纹为主体纹饰，其周围饰6条小龙纹。值得称奇的是，装饰龙纹各部位的金粒大小各异，精巧地镶贴在不足10厘米的浮雕细部，足见当时工艺之精湛。

笔者曾一直感叹此物不应人间有，1975年在中国新疆维吾尔自治区焉耆县确又出土了〈八龙纹金带扣〉，与其形成双璧呼应。〈八龙纹金带扣〉与〈平壤石岩里金制铰具〉从大小、构造、技法方面近乎相同。此外，同类器物在湖南省安乡西晋刘弘墓(306年)也

〈평양 석암리 금제 띠고리〉, 낙랑, 금속, 길이 9.4cm, 국보 89호, 국립중앙박물관
〈平壤石岩里金制铰具〉, 乐浪, 金属, 长9.4cm, 国宝89号,国立中央博物馆

북도 등이므로 이 지역을 중심으로 낙랑이 400여 년간 지속했음을 알 수 있다.

이 낙랑의 문화를 대변할 수 있는 작품으로 1916년 평안남도 대동군 대동강면 석암리 9호분에서 발견된 〈평양 석암리 금제 띠고리〉(平壤 石巖里 金製鉸具)가 국보 89호로 지정되어 현재 국립중앙박물관에 소장되어 있다.

이 작품은 허리띠의 고리 부분으로 금판을 두드려 큰 형태를 만들고 미세한 금 알갱이와 금실을 붙이는 누금기법(鏤金技法)을 사용해 장식했다. 그 사이에 청록색 터키석을 끼워 넣었는데 원래 41개를 끼워 넣었으나 현재 7개만 남아 있다. 전체 형태는 가운데 큰 용이 1마리가 있으며, 그 주위에 6마리의 작은 용이 표현되어 있다. 용의 각 부분에 맞게 금 알갱이의 크기를 다르게 만들어 10센티미터도 안 되는 곳에 붙였다는 것은 대단한 기술을 가지고 있었음을 의미하며, 경이롭기까지 하다.

세상에 이와 같은 작품은 존재하지 않을 것이라 생각되어 왔지만 1975년 중국 신장위구르자치구 언기현(焉耆縣)에서 〈팔룡문금대구〉(八龍紋金帶扣)가 출토되어 이와 쌍벽을 이루고 있다. 〈팔룡문금대구〉는 〈평양 석암리 금제 띠고리〉와 크기, 작품의 구성, 기법 측면에서 거의 동일한 작품이다. 유사한 작품이 호남성(湖南省) 안향(安鄕) 유홍(劉弘) 묘(306년)에서 출토되기도 했다.

『후한서』(後漢書) 「여복지」(輿服志)에는 "공주(公主), 봉군(封君) 이상은 모두 대수(帶綬, 허리띠와 드림 장식)를 착용하며, 황금으로 만든 벽사(辟邪)의 머리를 대의 고리(帶鐍)로 사용하고, 백

〈팔룡문금대구〉, 한(漢), 길이 9.7cm, 1975년 중국 신장위구르자치구 언기현 출토, 신장위구르자치구박물관

〈八龙纹金带扣〉, 汉, 长9.7cm, 1975年中国新疆维吾尔自治区焉耆县出土, 新疆维吾尔自治区博物馆

주(白珠)로 장식한다"(自公主封君以上皆帶綬, 黃金辟邪首爲帶鐍, 飾以白珠)라는 내용이 있어서 황금으로 만든 버클은 군왕이 착용했던 것임을 알 수 있다. 그러므로 〈평양 석암리 금제 띠고리〉와 〈팔룡문금대구〉 등은 매우 높은 지위의 인물들이 사용한 것임을 알 수 있다.

평양 인근에서는 '낙랑예관'(樂浪禮官), '낙랑만세'(樂浪萬歲) 등이 새겨진 기와, 중국에서 유행한 박산향로(博山香爐), 행엽형장식(杏葉形裝飾), 중국에서 제작된 칠기 등이 출토되었으며, 이는 낙랑이 중국과 긴밀한 교류를 하고 있었음을 보여 준다. 낙랑의 유물들이 다수 소장되어 있는 국립중앙박물관에서는, 중국에서 제작되거나 낙랑에서 모방된 다양한 유물들을 관람할 수 있다.

曾出土过一件。

《后汉书·舆服志》中有载：“自公主封君以上皆带绶,黄金辟邪，首为带鐍，饰以白珠。”由此可见，金制带扣曾为君王佩戴。也因此可知，〈平壤石岩里金制铰具〉和〈八龙纹金带扣〉等器物的拥有者多具有显贵崇高的身份地位。

平壤附近还曾出土刻有“乐浪礼官”、“乐浪万岁”等字样的瓦片、中国古代的博山香炉、杏叶形装饰和漆器等，由此可见乐浪与当时的中国曾有紧密交流。在收藏有大多数乐浪遗物的国立中央博物馆,可以观赏到当时中国制作或在乐浪仿制的多种遗物。

首尔

⑮

중국과 고구려의 불상 교류: 〈뚝섬 출토 금동여래좌상〉

中国与高句丽的佛像交流: 〈纛岛出土金铜如来坐像〉

중국에서 우리나라에 불교가 공식적으로 전래된 것은 크게 두 번이 있었다. 전진(前秦, 351~394년)의 황제 부견(符堅)은 고구려에 372년과 374년 승려 순도(順道)와 아도(阿道)를 보내어 불교와 불상을 전했다. 고구려 소수림왕은 이들을 위해 초문사(肖門寺)와 이불란사(伊弗蘭寺)를 지었으므로 불상들은 이곳에 봉안되었을 것이다.

고구려에 이어 백제에 384년 9월에 동진(東晋)에서 호승(胡僧, 인도 혹은 서역 출신) 마라난타(摩羅難陀)가 들어와 궁궐에서 예경(禮敬)했다고 한다. 마라난타가 불법(佛法)을 전한 지 6개월 만인 385년 2월에 한산(漢山)에 절을 짓고 10명을 득도시켜 승려가 되게 했다는 기록도 전해진다.

佛教从中国正式传入韩国大致分为两次。前秦(351~394年)皇帝符坚于372年和374年曾分别向高句丽派遣顺道和阿道两位僧侣，传播佛教和佛像。高句丽小兽林王特为他们建造了肖门寺和伊弗兰寺以供奉佛像。

继高句丽之后，384年9月东晋派遣胡僧(印度或西域出身)摩罗难陀至百济，并在宫殿礼佛。据记载，摩罗难陀传播佛法六个月后的385年2月，便在汉山修建寺庙，并使10人得道成为僧侣。

从上述记录可知，韩国于4世纪后期接受了自中国北朝和南朝传入的佛教，并建成了最初的寺院，佛经和佛像也应该是在这一时期一同传入。遗憾的是，初期的佛教遗迹尚未被发现，但佛教传入韩国后最初的佛像幸而在首尔纛岛出土，现被收藏于国立中央博物馆。

纛岛被标记为“纛島”，可以解释为“举行旗纛祭祀的岛屿”。纛是象征军令权的军队大旗，旗纛祭祀作为古代的国家祭祀，春季在惊蛰日(阴历二月)，秋季在霜降日(阴历九月)进行。

纛岛作为曾经的旗纛祭祀之地，实际并非岛屿，而是汉江冲击而成的平原，包括城东区圣水洞、广津区紫阳洞和九宜洞一带。该地区整体低而平坦，古时曾为国家驯养马匹的牧马场和军队阅武场，因该地为军事要地并多举行旗纛祭祀，故而得名“纛岛”。

1959年4月，在距离汉江边仅100多米之处，刑务所在押人员在进行挖地作业时，发现了该尊名为〈纛岛出土金铜如来坐像〉的佛造像。此处北有高句丽堡垒遗迹峨嵯山，汉江对面则有当年

위 기록들을 보면 우리나라는 4세기 후반에 중국의 북조와 남조에서 각각 불교를 받아들였으며, 초기 사원들도 건립되었음을 알 수 있다. 이때 불경과 불상이 함께 전래되었을 것이다. 아쉽게도 초기 불교의 유적은 아직 발견되지 않았으나, 우리나라에 불교가 전래된 직후의 불상이 서울 뚝섬에서 발견되어 현재 국립중앙박물관에 소장되어 있다.

뚝섬은 '纛島'로 표기하는데 '둑제(纛祭)를 지내는 섬'으로 풀이할 수 있다. 둑제란 군령권(軍令權)을 상징하는 둑(纛, 纛旗)에 지내는 국가 제사로, 봄의 경칩(驚蟄, 음력 2월)과 가을의 상강일(霜降日, 음력 9월)에 있었다.

뚝섬은 이 둑제를 지내던 곳으로 실제 섬은 아니며, 한강에 의해 형성된 범람원(汎濫原)으로 성동구 성수동, 광진구 자양동·구의동 일대이다. 이 지역은 전체가 낮고 평탄하여 국가에서 말을 키우는 목마장과 군대의 열무장(閱武場)이 있어서 군사와 관련 깊어 둑제를 지내고, 뚝섬이라는 지명이 생긴 것으로 보인다.

1959년 4월 한강변에서 불과 100여 미터 떨어진 곳에서 형무소 재소자들이 땅파기 작업을 하던 중 이 〈뚝섬 출토 금동여래좌상〉이라는 이름의 불상을 발견했다. 이곳은 북쪽에 고구려의 보루 유적인 아차산이 있으며, 한강 건너에는 백제의 풍납토성과 몽촌토성이 있는 곳이다.

〈뚝섬 출토 금동여래좌상〉은 높이 4.9센티미터, 너비 3센티미터의 매우 작은 불상으로 현존하는 우리나라 불상 중 가장 이른 시기의 작품이다. 이 불상은 사자 두 마리를 조각한 대좌(臺座) 위에

百济的风纳土城和梦村土城。

〈纛岛出土金铜如来坐像〉是一座高4.9cm、宽3cm的小金铜佛，是现存韩国佛像中最早期的作品。该如来佛像“禅定坐”在刻有对狮的台座上，双手聚在身前做“禅定印”。“禅定印”是释迦摩尼参悟之前沉浸在冥想中的印相，“禅定印”佛造像多出现在较早时期的作品中。

佛教传入韩国的4世纪后半期以后，大约150余年间，韩国的佛像制作一直处于空白期，因此该作品据测大约应为5世纪左右的作品。如果排除体积较小这一点，可以说该佛像与中国4世纪时期的佛造像极为相似。

1983年山东省博兴县龙华寺遗址出土了94件小型金铜佛造像，其中通过铭文可查确切纪年的作品多达33件。这些作品历经5～7世纪，约100余年之久，是出土地点和制作年代确切可考的重要资料。其中，〈张文造金铜佛坐像〉的台座背面可见铭文："张文造像…"，因此可知该佛像乃是名为张文之人发愿所造。

〈张文造金铜佛坐像〉与〈纛岛出土金铜如来坐像〉如孪生般相似，佛像的姿势、雕刻在台座上的狮子和衣襄的形态等都极为相像，因此尤其值得关注。虽然在中国境内有发现与此类似的4～5世纪金铜佛，但像〈纛岛出土金铜如来坐像〉和〈张文造金铜佛坐像〉这样相似的作品实为罕见。

〈张文造金铜佛坐像〉采用的是中国常用的将佛像内部中空铸造的“空铸法”，而〈纛岛出土金铜如来坐像〉采用的则是将佛像内部实心铸造的“通铸式”，根据这一差异也有观点认为该作品应为

〈뚝섬 출토 금동여래좌상〉, 5세기, 서울 뚝섬 출토, 높이 4.9cm, 너비 3cm, 국립중앙박물관

〈纛岛出土金铜如来坐像〉, 5世纪, 首尔纛岛出土, 高4.9cm, 宽3cm, 国立中央博物馆

가부좌로 앉아 있으며, 두 손은 두 다리 위에 올려놓고 있다. 이러한 손의 모습을 선정인(禪定印)이라고 하는데 석가모니가 성도(成道) 직전 깊은 명상에 잠긴 모습을 형상화한 것으로, 선정인의 불상은 비교적 이른 시기의 작품이 많다.

우리나라에 불교가 전래된 4세기 후반 이후 약 150여 년간 불상 제작에 공백기가 있는데 이 작품은 이 시기의 작품으로, 약 5세기경 작품으로 추정한다. 그러나 이 불상은 크기가 작다는 점을 빼면 중국의 4세기 불상들과 매우 흡사한 모습을 하고 있다.

1983년 산동성 박흥현(博興縣) 용화사지(龍華寺址)에서 무려 94점의 소형 금동불이 출토되었으며, 이 중 명문(銘文)을 통해 제작 시기를 알 수 있는 작품이 33점이나 된다. 이 작품들은 5~7세기 약 100여 년에 걸쳐 제작된 작품들로 출토 지점과 제작 연대가 확실한 중요한 자료이다. 이 중에 〈장문조(張文造) 금동불좌상〉은 대좌 뒷면에 "張文造像…"이라는 명문이 있어서 장문(張文)이라는 사람이 발원(發願)하여 제작했음을 알 수 있다.

〈장문조 금동불좌상〉은〈뚝섬 출토 금동여래좌상〉과 쌍둥이처럼 닮아 있어서 주목된다. 불상의 자세, 대좌에 조각된 사자, 옷 주름의 형태 등이 매우 유사한 작품이다. 중국 전역에서 이와 유사한 4~5세기 금동불이 발견되었지만 〈뚝섬 출토 금동여래좌상〉과 〈장문조 금동불좌상〉처럼 유사한 작품을 찾기는 쉽지 않다.

〈장문조 금동불좌상〉이 불상 내부를 비워 두는 중국의 일반적인 주조법인 중공식(中空式)을 택하고 있지만, 〈뚝섬 출토 금동여래좌상〉은 불상 내부를 가득 채워 주조하는 통주식(通鑄式)이라는

〈장문조 금동불좌상〉, 십육국 시기(304~439년),
높이 7.9cm, 박흥현 용화사지 출토, 박흥현박물관
〈张文造金铜佛坐像〉, 十六国时期(304~439), 高7.9cm,
博兴县龙华寺遗址出土, 博兴县博物馆

점에서 이 작품을 한국에서 제작한 것으로 보고 있기도 하다. 현재로서는 이 작품의 제작지를 명확하게 알 수 없지만 산동성 박흥현 출토 금동불과 매우 유사하다는 데 이견이 없다.

흥미롭게도 박흥현 용화사지에서 출토된 금동불 중에서 한국 금동불과 불상의 전체 형태나 세부 문양 등에 이르기까지 유사한 작품이 너무 많다. 매묘(昧妙)라는 비구니가 발원한 〈금동불입상〉(金銅佛立像)은 고구려의 작품으로 추정되는 〈금동계미명삼존불입상〉(金銅癸未銘三尊佛立像, 563년), 〈금동신묘명삼존불입상〉(金銅辛卯銘三尊佛立像, 571년) 등 작품과 영향 관계가 짐작된다.

또 장견(張見)이 532년 돌아가신 부모를 위해 조성한 〈금동관세음삼존보살입상〉(金銅觀世音三尊菩薩立像)은 한국의 5세기 금동보살삼존상(金銅菩薩三尊像) 등과 도상(圖像)과 양식 측면에서 매우 중요한 작품이다.

『속고승전』(續高僧傳) 「석승의전·석승조전」(釋僧意傳釋僧照傳)에는 산동성 제남(濟南)의 신통사(神通寺)에 고려상(高麗像, 고구려 불상)이 봉안되어 있다는 기록이 있어서 고구려 불상이 산동성에 전래된 사실을 알려주고 있으며, 이는 산동 지역과 고구려 양 지역 간의 불상 교류가 활발했음을 추측하게 한다. 아마도 육로와 해로 등을 통해 산동 지역의 불상이 한반도로 유입되었으며, 이 불상이 유통되기도 하고, 이 작품들을 모방하거나 재창조한 작품들이 있었으리라 생각할 수 있다. 앞으로 산동과 한국 불상의 비교, 교류 연구가 활발하게 진행되어 더 많은 사실들이 밝혀질 것으로 보인다.

韩国所造。尽管目前该作品的制作地尚未明确，但在其与山东省博兴县出土的金铜佛极为相似这一点上，并无异议。

值得关注的是，在博兴县龙华寺遗址出土的金铜佛中，与韩国金铜佛和佛造像从整体形态到细节纹样相类似的作品非常多。举例来说，由“昧妙”比丘尼发愿所造的〈金铜佛立像〉或与据测为高句丽时期的〈金铜癸未铭三尊佛立像〉(563年)、〈金铜辛卯铭三尊佛立像〉(571年)等作品有着影响关系。

此外，由张见于532年为过世双亲所造的〈金铜观世音三尊菩萨立像〉与韩国5世纪的金铜菩萨三尊像等，在图像和样式方面也十分类似。

《续高僧传》——〈释僧意传〉、〈释僧照传〉中有记载称山东济南神通寺曾供奉高丽像(高句丽佛像)，可见高句丽佛像曾传入山东，也由此可推测出山东地区与高句丽两地间的佛像交流曾非常活跃。可想当时山东地区的佛造像通过陆路或海路传入朝鲜半岛之后，或被流通，或被仿制，或被重新加以了创造。相信随着山东和韩国间的佛像比较和交流研究日益活跃，将有更多的史实被发现。

〈비구니 매묘 발원 금동불입상〉, 동위(東魏, 534~550년), 높이 21.5cm,
박흥현 용화사지 출토, 박흥현박물관
〈比丘尼昧妙发愿金铜佛立像〉, 东魏(534~550), 高21.5cm,
博兴县龙华寺遗址出出土, 博兴县博物馆

〈장견 발원 금동불입상〉, 동위(534~550년), 높이 21.5cm,
박흥현 용화사지 출토, 박흥현박물관
〈张见发愿金铜佛立像〉, 东魏(534～550), 高21.5cm,
博兴县龙华寺遗址出土, 博兴县博物馆

首尔

⑯

명과 조선 장인의 합작품 : 동관왕묘의 관우상

明朝与朝鲜匠人的合作品: 东关王庙的关羽像

'동묘'라고 하면 대부분의 사람들은 '동묘 시장', 지하철의 '동묘역' 정도를 떠올릴 뿐 어떤 공간인지 아는 사람들이 많지 않다. '동관왕묘'(東關王廟)라는 이름을 듣는다면 '관우'(關羽, 160~219년)와의 연관성을 느낄지도 모르겠다. 서울에는 관우의 사당인 관왕묘(關王廟)가 동서남북 곳곳에 있었다. 이제 우리나라에서 가장 큰 규모의 관왕묘인 '동관왕묘'의 건립에 대해 이야기해 보려고 한다.

중국에서 관우는 '충'(忠)의 상징으로 여러 사당에서 모셨으며, 황제부터 민중까지 널리 숭배했다. 특히 송(宋)대부터 관우를 제후, 왕, 황제에서 무신(武神)으로 높였으며, 그를 모시는 사당인 관제묘(關帝廟)가 30만 곳이라 할 정도로 대중화되어 있다.

提到“东庙”，多数人只会联想到“东庙市场”和地铁的“东庙站”，了解其究竟为何地的人并不多。如果听其全名——“东关王庙”，或许人们才会感到这里应该与“关羽(160~219)”有关。笔者认为应该多数人并不知晓关羽祠堂——关王庙曾遍布首尔东西南北四处。本篇文章便是关于韩国最大规模关王庙——“东关王庙”修建的故事。

在中国，关羽作为“忠”的象征，被供奉在许多祠堂，受到皇帝到民众的广泛崇拜。尤其是，自宋代起帝王诸侯开始将关羽崇视为武神，供奉关羽的祠堂-关帝庙多达30万处,关帝庙也开始大众化。

在韩国，对关羽的崇慕虽没有发展为信仰，但在万历朝鲜战争后，由明军在首尔、安东、星州、古今岛、南原建造了5处关王庙，此后朝鲜王室和官民等便也开始自行修建关王庙。韩国关王庙中保存最为完整的当属东关王庙。

东关王庙于1599年8月动工，1601年8月完工，共历时24个月修建而成。信奉关羽的明神宗万历帝对兴建东关王庙给予了4000两黄金资助，即便如此这对当时经历了7年万历朝鲜战争的朝鲜王朝经济而言也非易事。

首尔曾有几处关王庙。南关王庙相比东关王庙更早建成，该庙于1598年由明朝将军陈寅修建。陈寅是一员勇将，号称“陈游击”，1597年12月在蔚山城战斗中首先登上城顶，被倭军子弹击中而受重伤，在被护送京城途中建立了此庙。据传，陈寅认为是关羽显灵让自己保住性命并在作战期间守护明军。南关王庙原址为

그러나 우리나라에서 관우에 대한 숭모는 신앙으로 발전하지는 않았지만, 임진왜란 이후 명군에 의해 5곳(서울, 안동, 성주, 고금도, 남원)에 관왕묘가 건립되었고, 이후 조선 왕실과 관민(官民) 등이 자체적으로 관왕묘를 건립했다. 이런 우리나라 관왕묘 가운데 가장 완전하게 보존된 곳이 동관왕묘이다.

동관왕묘는 1599년 8월경 공사를 시작해 1601년 8월에 준공되어 만 24개월에 걸쳐 건립되었다. 관우를 깊이 신봉하고 있었던 명 신종(神宗) 만력제(萬曆帝)는 이 동관왕묘 건립에 금 4천 냥을 내리는 등 관심을 기울였으나 7년의 임진왜란을 겪은 조선의 경제력으로 이는 쉽지 않은 일이었다.

서울에는 여러 곳에 관왕묘가 있었다. 동관왕묘보다 먼저 남관왕묘[남묘(南廟)]가 건립되었는데, 이 남관왕묘는 1598년 명의 장군 진인(陳寅)이 창건한 것이다. 진인은 진유격(陳遊擊)으로 불렸을 정도로 용장이었으며, 1597년 12월 울산성 전투에서 먼저 성위에 올라 왜군의 총탄에 큰 부상을 입고 서울로 후송되던 중 건립했다. 진인은 관우의 영험으로 자신도 살아났고, 그동안 관우의 신령이 명군을 돕는다는 이야기를 많이 했다고 한다. 남관왕묘의 원위치는 용산구 도동1가 68번지이지만 한국전쟁으로 소실되었으며, 1956년 재건되었으나 도시 개발로 동작구 사당동으로 이전하였다.

조선말의 고종은 관성교(關聖敎)라는 종교 단체를 만들어 관우 숭배 신앙을 확산하려고 했으며, 1883년 북관왕묘를 서울에 건립했다. 북묘(北廟)로 불린 북관왕묘는 혜화동의 옛 흥덕사(興德

〈관우도〉(關羽圖), 19세기, 비단에 채색(絹本彩色), 102.5×66.6cm, 국립중앙박물관
〈关羽图〉, 19世纪, 絹本彩色, 102.5×66.6cm, 国立中央博物馆

寺) 자리에 있었으나 1980년 폐지되었고, 1910년 조각상과 의장의물은 동관왕묘로 이전되었다. 1913년 북관왕묘는 개인에게 매각되어 역사 속으로 사라졌으며, 이곳에 건립되었던 〈북관왕묘비〉(北關王廟碑, 1887년)만 국립중앙박물관에 옮겨져 있다.

서관왕묘는 서대문구 천연동에 위치하고 있으며 숭의묘(崇義廟)로도 불리는데, 1902년 고종이 건립했다. 이로써 서울에는 동서남북에 관왕묘가 건립되었으나, 1909년 동관왕묘에 합사되었으며, 일제 강점기에 사라졌다.

서울 종각 근처에 중묘(中廟)가 있었으나 건립 시기와 폐사 시기를 알 수 없다. 방산시장에 위치한 방산동 성제묘(聖帝廟, 서울시 유형문화재 7호), 장충동 관성묘(關聖廟, 서울시 민속자료 6호) 등 민간에서 건립한 관우의 사당도 서울 곳곳에 있다.

이렇게 많은 관왕묘가 서울에 있었지만 원래의 모습을 그대로 유지하고 있는 곳은 이 동관왕묘 뿐이다. 동관왕묘의 가장 중심 건물인 정전(正殿) 중앙에는 관우상, 주창상(周倉像), 관평상(關平像), 왕보상(王甫像), 조루상(趙累像) 등이 있다. 그리고 동서쪽에 여러 형태의 관우상이 존재하는데 이 작품들은 1909년 서관왕묘(崇義廟), 1910년 북관왕묘에서 이전해 온 것이다.

이 중 이 동관왕묘의 주존(主尊)인 관우상은 금동으로 제작되었다. 이 관우상은 조선시대 국왕의 뒤편에 놓이는 일월오봉병(日月五峯屛)을 뒤로 두고 용상에 앉은 형상으로 제작되었다.

이 작품의 제작 기록은 『영조통기』(營造通記)에 기록되어 있는데 명의 장수 만세덕(萬世德, 1547~1603년)과 여러 장수들이 힘을

龙山区桃洞1街68号，朝鲜战争期间被销毁，1956年得以重建，后因城市开发搬迁至铜雀区舍堂洞。

朝鲜末期高宗创立名为“关圣教”的宗教团体，试图扩散对关羽的崇拜信仰，并于1883年在首尔兴建了北关王庙。被称为“北庙”的北关王庙位于惠化洞原兴德寺址，1980年被废止，1910年雕像和仪仗器物被迁移至东关王庙。1913年北关王庙被出售给个人并遁迹历史，仅剩曾立在此处的〈北关王庙碑〉(1887年)被移至国立中央博物馆收藏。

西关王庙位于西大门区天然洞，亦称“崇义庙”，于1902年由高宗兴建，至此首尔东西南北均建成关王庙。1909年西关王庙并于东关王庙，后在日帝强占期被销毁。

首尔钟阁附近曾有一座中庙，其建造和闭庙时间不得而知。位于首尔芳山市场的芳山洞圣帝庙(首尔市物质文化遗产7号)、奖忠洞关圣庙(首尔市民俗资料6号)等民间兴建的关羽祠堂也可在首尔随处可见。

尽管首尔有如此多的关王庙，但完好保留旧貌的仅有东关王庙。东关王庙的中心建筑——正殿中央有关羽像、周仓像、关平像、王甫像、赵累像等。东西两侧有多种形态的关羽像，这些雕像为1909年从西关王庙(崇义庙)、1910年从北关王庙搬迁而来。

其中，东关王庙的主尊关羽像由金铜铸造，采用的是身坐龙床、背倚朝鲜时代国王身后放置的日月五峯屏这一形象。

该作品的制作记录被记录在《营造通记》中，明朝将帅万世德(1547～1603)与多名将帅合力在10个风炉中同时溶解3800斤铜，

남관왕묘 | 南关王庙照片

〈관우상〉, 1601년, 금동, 서울 동관왕묘 | 〈关羽像〉, 1601年, 金铜, 首尔东关王庙

모아 10개의 풍로(風爐)에 구리 3800근(斤)을 동시에 녹여 관우상을 주조하려 했다. 그러나 완성되지 못하고 깨져서 감관(監官) 한빈(韓斌)과 조선의 동장(銅匠)들이 힘을 합쳐 구리 300여 근을 더 모아 녹여서 만들었다고 한다.

그래서 이 관우상은 높이 2.5미터, 무게 1톤으로 조선시대에 제작된 유일한 관우상이 되었다. 아쉽게도 이 작품을 제작한 한빈과 조선의 장인에 대해 좀 더 자세히 알 수 있는 자료가 남아 있지 않지만, 임진왜란을 관우의 도움으로 극복하고자 했던 한·중 양국의 의지를 짐작할 수 있다.

以铸造关羽像。然未完成即碎，后由监官韩斌与朝鲜铜匠们合力再铸300余斤铜而制成。

该关羽像高2.5米，重1吨，是朝鲜时代铸造的唯一一座关羽像。遗憾的是，关于制作该雕像的韩彬和朝鲜工匠的资料无处可考。但从中可以窥见希望借关羽神助攻克万历朝鲜战争的明朝和朝鲜的共同意志。

首尔

동관왕묘에 있는 중국 인물들의 글씨

中国人留在东关王庙的字迹

동관왕묘는 한국 사람들에게 조금은 낯선 공간이다. 관우를 모시는 사당이라는 점도 낯설지만 건축물 곳곳에서 우리나라 전통적인 모습과 다른 요소들이 보인다. 특히 정전(正殿) 내부를 가득 채우고 있는 글씨는 매우 이색적인 모습이다. 이는 숙종, 영조, 고종 등 조선의 국왕들이 쓴 것도 있지만 대부분 중국인들이 쓴 것이다.

편액 혹은 현판은 글씨를 써서 문이나 벽 위에 가로로 길게 걸어 놓는 것으로, 건물의 명칭을 쓰거나 시문(詩文) 등을 새겨 놓기도 한다. 기둥에 세로로 걸어 놓는 글씨는 주련(柱聯)이라고 부르며, 이름처럼 두 장이 하나의 내용을 이루게 된다.

현재 동관왕묘에 있는 편액과 주련은 모두 49점에 이르며, 정

东关王庙对于韩国人而言是一个有些陌生的地方。供奉关羽的祠堂这一点令人陌生，建筑内部也是处处均显与韩国传统面貌迥异的元素。尤其是，充斥正殿内部的多幅字迹也是十分特别。这些书迹中虽也有肃宗、英祖、高宗等朝鲜国王御笔，但大部分都是由中国人所写。

扁额或悬板常以长幅书法横挂在门或墙上，有时会书写建筑名称或刻上诗文等。竖挂于梁柱上的书法称为柱联，就像名字一样，两幅形成一对。

目前东关王庙内的匾额和柱联共计49件，正殿外部悬挂21件，内部悬挂28件。其中，匾额22件，柱联27件，中国人所写的作品占据一半以上，且大部分为清朝人的作品，亦有明代人士的字迹。

〈현령소덕의렬무안성제묘〉 편액, 고종 어필, 1902년, 서울 동관왕묘

〈显灵昭德义烈武安圣帝庙〉匾额，高宗御笔，1902年，首尔东关王庙

전 외부에 21점, 내부에 28점이 걸려 있다. 이 중에 편액은 22점, 주련은 27점이며, 절반이 넘는 수 가운데 대부분은 청나라 사람들의 작품이며, 명대 인물들의 글씨도 있다.

흥미로운 것은 관우의 글씨라고 되어 있는 작품도 2점이나 있다는 점이다. 〈면충효〉(勉忠孝, 충과 효를 힘쓰고), 〈부강상〉(扶綱常, 강상을 떠받든다)이라는 붉은 바탕의 금색 글씨(朱質金字)의 현판이 있는데 각각 '漢壽亭侯書'(한수정후가 쓰다)라는 방기(傍記)가 있어서 '한수정후'라는 칭호를 받은 관우의 글씨임을 알 수 있다. 두 작품이 실제 관우의 글씨인지는 알 수 없으나 매우 정성스럽게 제작된 작품임을 알 수 있다.

서울 동관왕묘에 있는 글씨 가운데 명의 인물들이 제작한 작품으로는 두잠(杜潛)의 〈현성보번〉[顯聖保藩, 聖人의 넋이 드러나 藩邦(조선)를 지켜주시다]이 있는데, 1600년에 쓴 이 편액은 1601년 동관왕묘가 건립되기 전 미리 두잠이 써 놓았던 것으로 추정된다. 두잠은 해방감군도부사(海防監軍道副使)로 1599년 4월 조선에 들어와 1600년 11월에 돌아갔는데, 돌아가면서 2년간 조선의 환대에 감사를 전하며, 앞으로 조선의 국방 계책이 담긴 글을 주기도 했다. 두잠은 편액에 자신의 이름을 기록하지 않았는데 『해동성적지』(海東聖蹟誌, 1876년)에 기록되어 있다. 편액에 자신의 이름을 쓰지 않는 것은 겸손함을 표현하는 방식이기도 하다.

명의 정룡(程龍)은 흠차안도중연속국부총병(欽差安島衆聯屬國副總兵)으로 1633년 10월 등주(登州)에서 해로로 조선에 들어왔는데, 이때 후금이 요동 등 육로를 점령하고 있었기 때문이다. 정룡은

〈부강상〉 편액, 〈면충효〉 편액, 관우 글씨, 나무, 서울 동관왕묘
〈扶纲常〉匾额, 〈勉忠孝〉匾额, 关羽书迹, 木制, 首尔东关王庙

〈현성보번〉 편액, 두잠, 1600년, 서울 동관왕묘
〈显圣保藩〉匾额, 杜潜, 1600年, 首尔东关王庙

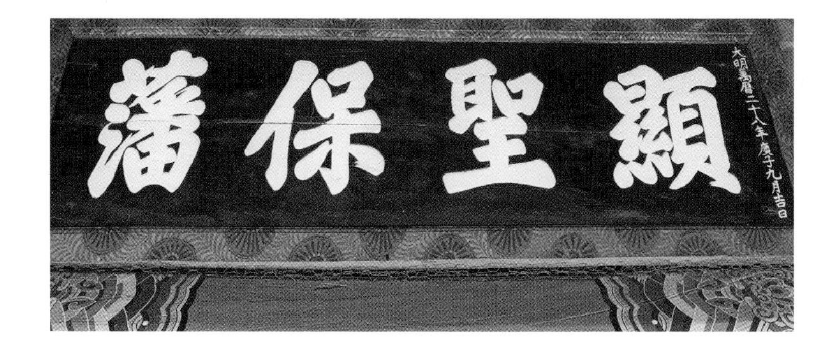

남한산성 등을 시찰하고 1634년 2월에 돌아갔는데 1634년에 〈칙봉삼계복마대제신위원진천존관성제군〉(勅封三界伏魔大帝神威遠震天尊關聖帝君) 편액과 〈천추의기, 만고충심(千秋義氣 萬古忠心, 의로운 기운은 천추와 함께 하고, 충심은 만고에 빛나리) 대련〉을 남겼다.

〈칙봉삼계복마대제신위원진천존관성제군〉 편액은 1614년 명 만력제 신종(神宗)이 관우에게 '삼계복마대제 신위원진천존관성제군'이라는 칭호를 올렸는데 그것을 편액으로 쓴 것이다. 흥미로운 것은 명 숭정제(崇禎帝) 사종(思宗)이 1630년에 '진원현응소명익한천존(眞元顯應昭明翼漢天尊)이라는 존호를 올렸지만 만력제가 올린 존호를 사용한 점이다. 아마도 서울의 동관왕묘가 만력제의 하사금으로 건립되어 이렇게 쓴 것으로 보인다.

이 밖에도 강정국(江定國)이 쓴 〈만고표명〉(萬古標名, 萬代에 걸쳐 이름 드날리다, 1631년), 백등용(白登庸)의 〈천고완인〉(千古完人, 오래도록 완전한 사람, 1636년) 등의 작품이 명나라 사람들의 글씨다.

청의 사신들은 17~18세기에 끊임없이 조선을 다녀갔음에도 관왕묘에 필적(筆跡)을 남긴 사람이 없었다. 서울 동관왕묘에 청나라 사람의 필적이 나타나는 것은 1882년 이후이다. 1882년 6월 조선에서는 임오군란이 일어났는데 구식 군대가 차별에 반발해 일으킨 반란으로서 청군의 개입으로 마무리되었다.

이 임오군란을 진압한 광동수사제독(廣東水師提督) 오장경(吳長慶, 1829~1884년)이 〈유청집희〉(惟清輯熙, 맑은 것을 생각하니 광명을 낳도다) 편액(1882년)을 썼다. 오장경은 평소에 글을 쓰거나 읽

有趣的是，还有两幅作品标有“关羽书”字样。具体来看，〈勉忠孝〉、〈扶纲常〉两幅红底金字匾额上，分别刻有“汉寿亭侯书”的傍记字样，由此判断是被称为“汉寿亭侯”的关羽字迹。尽管两幅作品实际是否为关羽所书不得而知，但可以肯定的是两幅作品均为精心之作。

首尔东关王庙内的书法作品中，明代人士之作包括杜潜的〈显圣保藩〉。该匾额写于1600年，可推测在1601年东关王庙建成前杜潜便已提前完成。杜潜曾作为海防监军道副使于1599年4月来到朝鲜，1600年11月返回，返程前为表感谢朝鲜两年间的款待，还写下了含有日后朝鲜王朝国防计策内容的文章。杜潜没有在匾额上留名，而是记载在《海东圣迹志》(1876年)中。不在匾额上留名可视为表达谦逊的一种方式。

明将程龙曾作为钦差安岛众联属国副总兵于1633年10月从登州走海路来到朝鲜，因当时后金占领了辽东等陆路通道。程龙视察了南汉山城等地，于1634年2月返回，1634年留下了〈敕封三界伏魔大帝神威远震天尊关圣帝君〉匾额和〈千秋义气万古忠心〉对联。

〈敕封三界伏魔大帝神威远震天尊关圣帝君〉匾额字迹源于1614年明万历帝神宗崇称关羽为“三界伏魔大帝神威远震天尊关圣帝君”，程龙便以该号作匾。有趣的是，明代崇祯帝思宗曾于1630年崇称关羽为“真元显应昭明翼汉天尊”，但程龙依旧使用了万历帝对关羽的尊号，或许是出于首尔东关王庙乃由万历帝赏金所建的原因才如此书写。

〈칙봉삼계복마대제신위원진천존관성제군〉 편액, 정룡, 1634년, 서울 동관왕묘

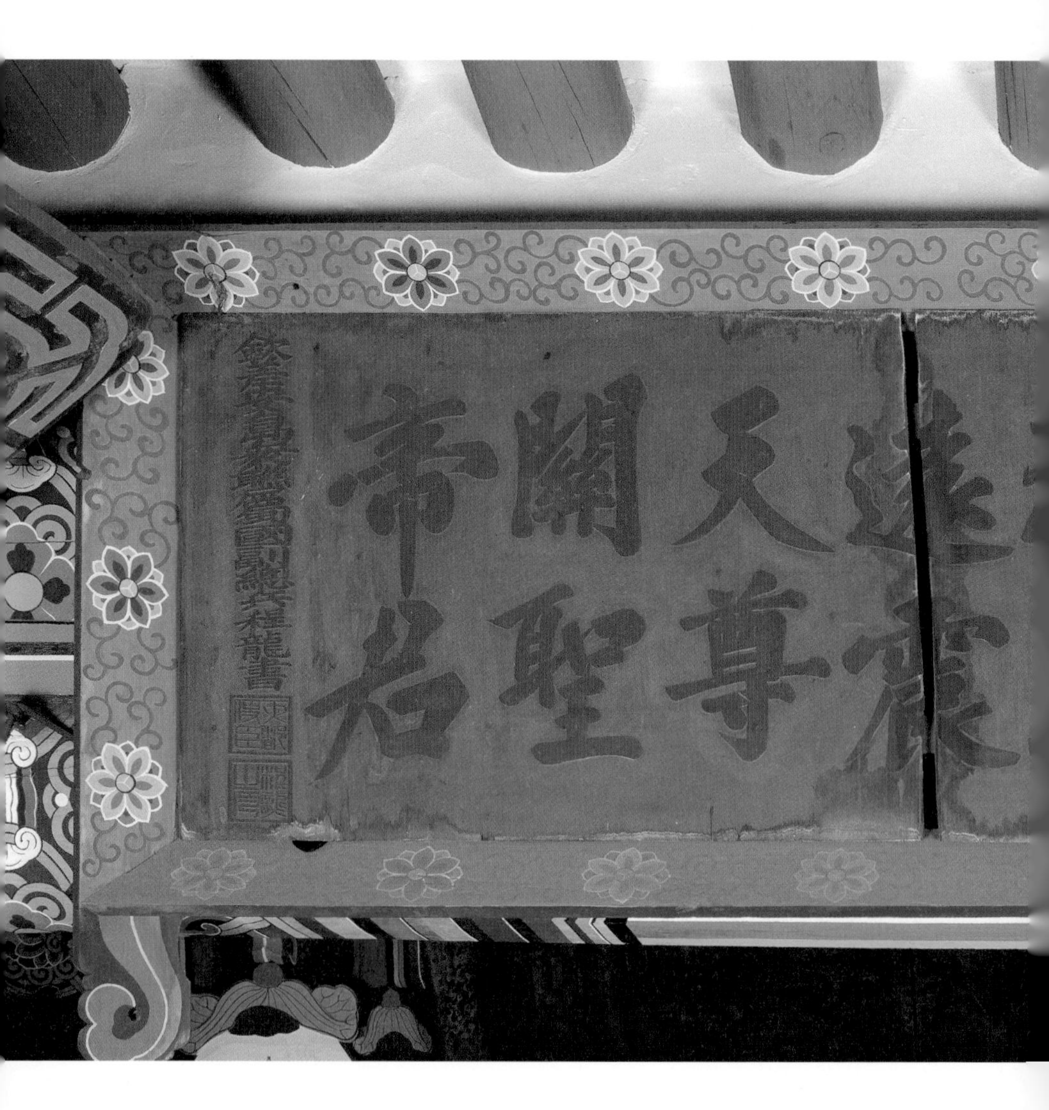

〈敕封三界伏魔大帝神威远震天尊关圣帝君〉匾额，程龙，1634年，首尔东关王庙

기를 좋아해서 '유장'(儒將)이라는 별칭으로 불리던 인물이었다.

오장경은 임오군란이 수습된 이후 요동에 머물다가 1884년 주둔지에서 병사했다. 조선의 고종은 그의 업적을 기리기 위해 서울의 훈련도감 하도감(下都監) 자리(서울 중구 을지로 7가)에 정무사(靖武祠)라는 이름의 사당을 건립했는데, 1902년 청의 요청으로 오무장공사(吳武壯公祠)로 이름을 바꾸었으며, 원세개(袁世凱)가 쓴 편액이 지금도 남아 있다. 이 오무장공사는 1979년 사당 건물을 해체하여 서울특별시 마포구 연희동 한성화교중학 뒷산으로 이전했다.

오장경은 '재한화교'의 시작을 야기한 인물로 그가 4500여 명의 군대를 이끌고 서울에 주둔할 때 군용품 조달을 위해 40여 명의 상인도 따라 들어왔는데, 이들이 재한화교의 시작이 되었다. 1882년 조선과 청은 '상민수륙무역장정'(商民水陸貿易章程)을 체결하고, 청 군대를 따라온 상인들은 조선 정부와 민간인을 상대로 영업을 개시했다.

그래서 서울 동관왕묘에는 중국 상인들의 편액 등도 남아 있다. 〈건곤정기〉(乾坤正氣, 하늘과 땅에 올바른 기운이 넘쳐 나도다) 편액(1898년)은 남방중상사(南帮衆商事) 왕대산(王大山) 등 십여 명이 바친 작품으로, 편액의 바탕에 매우 화려한 운룡문(雲龍紋)이 새겨져 있다. 1890년 진여삼(陳如三) 등이 바친 〈위량병정〉(威良秉正, 위엄 있고 공정하도다) 편액도 화려한 바탕으로 볼 때 상인들이 제작했던 것으로 추정된다.

중국인에게 있어 관우는 출중한 무예로 무신(武臣)들의 숭앙

此外，江定国所写〈万古标名〉(1631年)、白登庸所写〈千古完人〉(1636年)等作品也均是明代人士书迹。

清朝遣使在17～18世纪曾不断往来朝鲜，然而却无人在关王庙留下墨迹。首尔东关王庙出现清朝人士墨迹是在1882年以后，1882年6月朝鲜发生壬午军乱，旧式军队为反对歧视而发动叛乱，当时以清军介入而告终。

镇压壬午军乱的广东水师提督吴长庆(1829～1884)写下了〈惟清辑熙〉匾额(1882年)。吴长庆平时喜好写文读文，被称为"儒将"。

平定壬午军乱后，吴长庆一直留在辽东，1884年在驻屯地病逝。朝鲜高宗为纪念其业绩，在汉城训练都监下都监位置(今首尔中区乙支路7街)修建了名为靖武祠的祠堂，1902年应清朝要求，改名为吴武壮公祠，由袁世凯所书匾额留存至今。1979年，吴武壮公祠祠堂建筑被拆除，祠堂搬迁至首尔特别市麻浦区延禧洞汉城华侨中学后山。

吴长庆是'在韩华侨'嚆矢的人物。吴长庚率4500余名士兵驻屯汉城之时，为调度军需用品，40余名商人也随其来到朝鲜，这些人成为了在韩华侨的开端。1882年朝鲜与清朝签订《商民水陆贸易章程》，随清军而来的商人们以朝鲜政府和民间人为对象开始从事经营。

因此，首尔东关王庙内还留有中国商人的匾额。〈乾坤正气〉匾额(1898)是南帮众商事王大山等十余人供奉的作品，该匾额基底雕有非常华丽的云龙纹。1890年陈如三等人供奉的〈威良秉正〉

〈유청집희〉 편액, 오장경, 1882년, 서울 동관왕묘
〈惟清辑熙〉匾额, 吴长庚, 1882年, 首尔东关王庙

〈건곤정기〉 편액, 1898년, 서울 동관왕묘
〈乾坤正气〉匾额, 1898年, 首尔东关王庙

을 받는 무신(武神)이자 상인에게 돈을 주는 재신(財神)으로 받들어지고 있기 때문에 중국 상인들이 편액을 제작해서 봉헌했던 것으로 보인다.

흥미로운 것은 서울 동관왕묘 정전 앞에는 1888년 백목전(白木廛)에서 진상한 향로석(香爐石)이 있는데 동일한 형태의 향로석이 남관왕묘의 옛 사진에서도 보인다는 점이다. 백목전은 면포전(綿布廛)의 다른 이름으로 조선의 대표적인 상인들이다. 조선의 상인들도 관우의 영험을 본 것인지 이렇게 석조물을 제작해 봉헌하기도 했다. 이 밖에도 동관왕묘에는 다양한 동물 조각상들이 있는데 이 작품도 이러한 의미로 제작되었던 것으로 짐작된다.

匾额也是基底十分华丽，由此可推测是由商人们所供奉。

对于中国人而言，关羽既是因卓群武艺而倍受武臣崇仰的武神，也被视作为商人送财的财神，因此中国商人们制作这些匾额献供。

有趣的是，首尔东关王庙正殿前有一家白木店于1888年进奉的香炉石，同一形态的香炉石在南关王庙旧照中也可见。白木店是绵布店的别名，是朝鲜时代代表性的商户。朝鲜的商人们不知是否也看到了关羽的灵验，亦如此打造石雕用来拜奉。除此之外，东关王庙内还有各种动物雕像，这些作品应该也是出于这种用意而雕造。

首尔

⑱

손오공과
〈원각사지십층석탑〉

孙悟空与〈圆觉寺址十层石塔〉

손오공, 저팔계, 사오정이 삼장법사와 함께 천축(인도)으로 불경을 구하러 가는 『서유기』(西遊記)는 한·중·일 모두에서 유명한 이야기이다. 이 이야기의 실존 인물인 현장(玄奘, 602~664년) 스님은 692년 당의 장안을 출발해 645년에 수많은 불경을 가지고 돌아왔다. 이때 당 태종은 현장 스님으로 하여금 역경원(譯經院)에서 불경을 번역하게 했으며, 현장 스님은 자신의 구법기(求法記)를 『대당서역기』(大唐西域記)로 남겨 놓았다.

현장 스님의 구법 기행은 남송에서 『대당삼장취경시화』(大唐三藏取經詩話), 금(金)에서 『당삼장』(唐三藏), 『반도회』(蟠桃會) 설화집으로 나타났다. 특히 원(元)에서 『당삼장서천취경』(唐三藏西天取經) 등이 출간되었으며, 명(明) 오승은(吳承恩, 1500~1582년)

孙悟空、猪八戒、沙悟净与三藏法师一起前往天竺求取佛经的《西游记》故事在中韩日三国都家喻户晓。

故事中的人物原型玄奘(602-664)法师于692年从大唐长安出发，645年携大量佛经重返大唐。当时唐太宗命玄奘法师在译经院翻译佛经并将西域求法记撰写成书，于是《大唐西域记》得以流传于世。

玄奘法师的求法纪行在南宋时期以《大唐三藏取经诗话》，金代时期以《唐三藏》、《蟠桃会》等名目被著录，元朝时期则有《唐三藏西天取经》等出刊。到了明朝时期，由吴承恩(1500～1582)综合多个版本著成的《西游记》问世。

正因如此，榆林窟第三窟里可以见到《普贤菩萨变相图》这样的作品。该作品描绘了向普贤菩萨问道的三藏法师、孙悟空和白马，以及白马驮经的内容，可以说准确描绘了"取经传说"。

《西游记》在韩国也广受喜爱。在位于首尔的两座石塔--〈敬天寺址十层石塔〉(1348年)和〈圆觉寺址十层石塔〉(1467年)上均雕刻了与其相关的内容。

〈敬天寺址十层石塔〉是高丽时代晋宁府院君姜融(?~1349)、高龙凤等人作为大施主立成的作品，上刻有祈愿元朝皇帝皇后康宁、成佛、国泰民安等内容。该塔原位于京畿道开丰郡扶苏山，日帝时期被日本宫内府大臣田中光显于1905年运至日本，收回后现收藏于国立中央博物馆。

〈圆觉寺址十层石塔〉是朝鲜世祖于1465年在京城中心地修建圆觉寺后，1467年完成的作品。如今首尔塔谷公园就位于古圆觉

〈보현보살변상도〉, 유림굴 제3굴, 서하(西夏) 11~13세기, 감숙성 주천시(酒泉市)
〈普贤菩萨变相图〉, 榆林窟第3窟, 西夏11～13世纪, 甘肃省酒泉市

이 여러 판본을 종합해 『서유기』를 펴내었다.

그래서 유림굴(楡林窟) 제3굴 〈보현보살변상도〉(普賢菩薩變相圖)와 같은 작품들이 제작되었다. 이 그림에는 보현보살에게 가르침을 구하는 삼장법사와 손오공, 백마가 그려져 있으며, 백마 위에 경전을 올려놓은 모습을 그려 놓았기 때문에 이른바 '취경설화'(取經說話)를 정확히 표현하고 있다.

한국에서도 『서유기』는 크게 사랑받았는데 〈경천사지십층석탑〉(敬天寺址十層石塔, 1348년)과 〈원각사지십층석탑〉(圓覺寺址十層石塔, 1467년)에 이 내용들이 조각되어 있으며, 이 두 석탑은 모두 서울에 있다.

〈경천사지십층석탑〉은 고려 시대에 진녕부원군(晉寧府院君) 강융(姜融, ?~1349년), 고룡봉(高龍鳳) 등이 대시주(大施主)로 건립한 작품으로 원 황제와 황후의 강녕, 성불, 국태민안 등을 바란다는 내용이 새겨져 있다. 이 탑은 원래 경기도 개풍군 부소산에 있던 것을 일본 궁내부 대신 다나카 미쓰아키(田中光顯)가 1905년 일본으로 반출했다가 되돌려 받아 현재 국립중앙박물관에 소장되어 있다.

〈원각사지십층석탑〉은 조선의 세조가 1465년 서울 한복판에 원각사라는 사찰을 건립하고, 1467년에 완성한 작품이다. 현재 탑골공원이 바로 이 원각사의 옛 터이며, 이곳에 〈원각사지십층석탑〉이 500년이 넘는 세월을 견디며 우뚝 솟아 있다.

이 두 탑은 쌍둥이처럼 형태와 소재가 동일해 〈원각사지십층석탑〉을 건립할 때 〈경천사지십층석탑〉을 모방했을 가능성이 높

〈경천사지십층석탑〉, 고려
1348년, 국립중앙박물관
〈敬天寺址十层石塔〉, 高丽 1348 年,
国立中央博物馆

〈원각사지십층석탑〉, 조선
1467년, 서울시 탑골공원
〈圓觉寺址十层石塔〉, 朝鲜1467年,
首尔市塔谷公园

다. 두 석탑은 3층의 기단 중 1층에 사자·용·연꽃, 2층에 『서유기』의 등장인물, 3층에 나한(羅漢) 등이 새겨져 있다. 그 위에 올린 탑신이 총 10층으로 1층부터 4층까지는 불회도(佛會圖)가 조각되어 있으며, 5층부터 10층까지는 오불(五佛), 삼불(三佛) 등이 조각되어 있다.

불회도는 1층에 삼세불회(三世佛會, 南), 영산회(靈山會, 西), 용화회(龍華會, 北), 미타회(彌陀會, 東), 2층에 화엄회(華嚴會, 南), 원각회(圓覺會, 西), 법화회(法華會, 北), 다보회(多寶會, 東), 3층에 소재회(消災會, 南), 전단서상회(栴檀瑞像會, 西), 능엄회(楞嚴會, 北), 약사회(藥師會, 東) 등이 조각되어 있다. 4층에 원통회(圓通會) 이외에 열반상(涅槃像) 등이 조각되어 있다.

〈경천사지십층석탑〉은 풍화가 심하므로 〈원각사지십층석탑〉을 통해 『서유기』의 주요 도상(圖像)을 살펴보면 다음과 같다.

〈원각사지십층석탑〉 기단 서북쪽에 조각된 '화염산'(火焰山)은 손오공이 철선공주(鐵扇公主)에게 빼앗은 파초선으로 화염산의 불을 끄는 장면으로 왼쪽에 거대한 화염이 솟아 있으며, 그 옆에 큰 부채를 휘두르는 손오공이 조각되어 있다.

'화염산' 옆에 조각된 '인삼과'(人蔘果)는 만수산(萬壽山) 오장관(五莊館)이라는 도교사원(道觀)에 도착한 현장 일행이 진원자(鎭元子)에게 인삼과를 대접받는 내용이다. 인삼과는 3천년 만에 열매를 맺고, 3천년 만에 열매가 익는다고 한다. 이러한 인삼과는 사람 모양이라 현장 일행은 아기를 주는 줄 알고 먹지 않았다고 하는데 중앙 탁자 위에 있는 작은 사람 모양이 인삼과이다.

寺旧址上，〈圆觉寺址十层石塔〉在此历经500余年岁月仍巍然耸立。

这两座塔如同双子塔般，雕刻形态和素材近同，因此很大可能是〈圆觉寺址十层石塔〉在修建时对〈庆天寺址十层石塔〉进行了模仿。两座石塔的三层基坛中，一层刻有狮子、龙、莲花，二层刻有《西游记》登场人物，三层刻有罗汉等。上方塔身共10层，一层至四层雕刻有佛会图，5层至10层雕刻有五佛、三佛等。

具体从佛会图来看，塔身一层雕有三世佛会(南)、灵山会(西)、龙华会(北)、弥陀会(东)；二层刻有华严会(南)、圆觉会(西)、法华会(北)、多宝会(东)；三层刻绘着消灾会(南)、栴檀瑞像会(西)、楞严会(北)、药师会(东)等；四层则刻有圆通会和涅槃像等。

〈敬天寺址十层石塔〉风化严重。若从〈圆觉寺址十层石塔〉来看，石刻《西游记》主要图像如下。

〈圆觉寺址十层石塔〉基坛西北侧雕刻的“火焰山”是孙悟空用从铁扇公主手中取得的芭蕉扇熄灭烈火的场景，具体在左侧刻着巨大火焰，其旁边雕有挥舞着大扇的孙悟空形象。

“火焰山”旁边雕刻的“人参果”则是玄奘一行到达万寿山五庄馆道观时，受到镇元子款待人参果的场景。据传，人参果三千年一结果，再三千年才得以成熟，由于人参果形似婴孩，玄奘不敢吃下。可见，石刻图像中间桌上的小人形应为人参果。

石塔东北侧雕刻的“沙和尚”是启程前往西域的玄奘一行途中遇到沙僧的场景。据传，沙僧曾是吃人的妖怪，遇到玄奘后改过

〈원각사지십층석탑〉 기단 1층과 2층, 조선 1467년, 서울시 탑골공원
〈圓觉寺址十层石塔〉, 基坛一层和二层, 朝鲜1467年, 首尔市塔谷公园

1. 〈원각사지십층석탑〉 기단의 '화염산', 조선 1467년, 서울시 탑골공원
〈圓觉寺址十层石塔〉, 基坛的"火焰山", 朝鲜1467年, 首尔市塔谷公园
2. 〈원각사지십층석탑〉 기단의 '인삼과', 조선 1467년, 서울시 탑골공원
〈圓觉寺址十层石塔〉, 基坛的"人参果", 朝鲜1467年, 首尔市塔谷公园
3. 〈원각사지십층석탑〉 기단의 '사화상', 조선 1467년, 서울시 탑골공원
〈圓觉寺址十层石塔〉, 基坛的"沙和尚", 朝鲜1467年, 首尔市塔谷公园
4. 〈원각사지십층석탑〉 기단의 '지주정', 조선 1467년, 서울시 탑골공원
〈圓觉寺址十层石塔〉, 基坛的"蜘蛛精", 朝鲜1467年, 首尔市塔谷公园

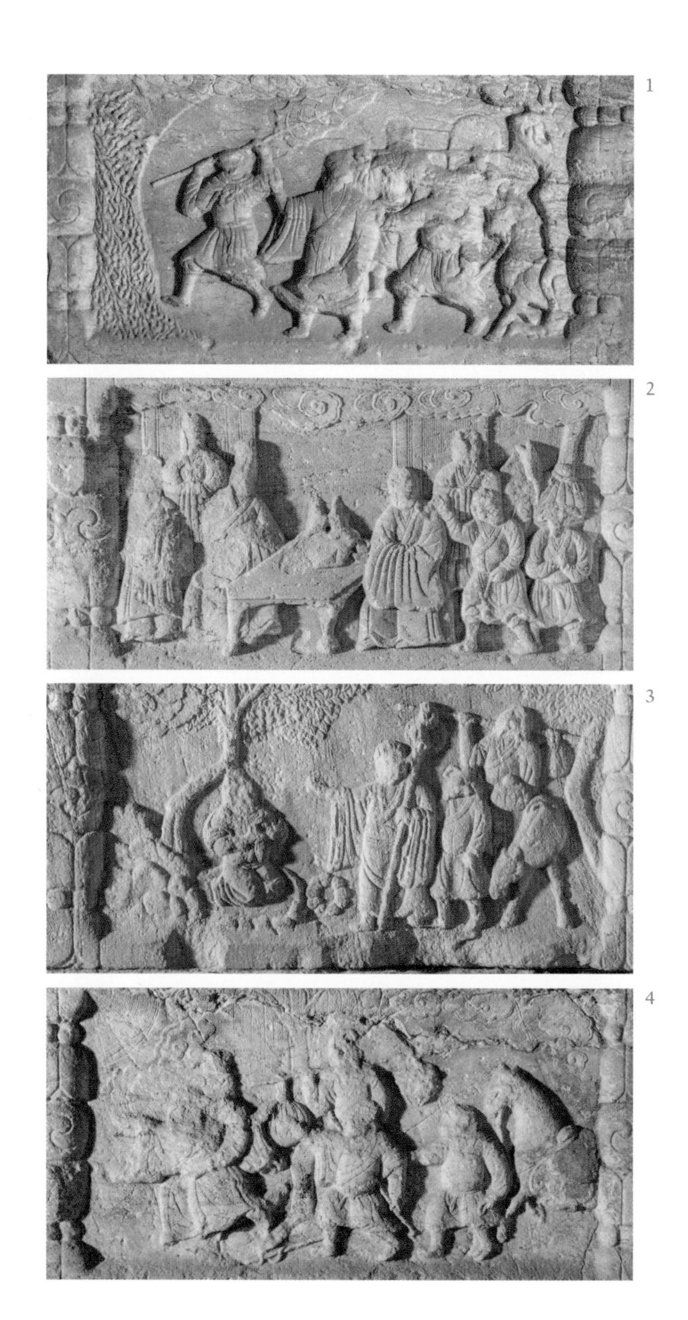
1
2
3
4

이 탑의 북동쪽에 조각된 '사화상'(沙和尙)은 서역으로 출발한 현장 일행이 여정 중에 사화상을 만나는 장면이다. 사오정은 사람을 잡아먹던 요괴이지만 현장을 만나 개과천선해 해골 목걸이를 풀고 불문에 귀의했다고 한다. 왼쪽에 무릎 꿇은 사화상과 해골 목걸이, 현장, 손오공, 저팔계, 용마 등이 조각되어 있다.

〈원각사지십층석탑〉 남동쪽에 조각된 '지주정'(蜘蛛精)은 현장이 거미 괴물에 납치되는 모습이다. 왼쪽 상단에 거미줄이 조각되어 있으며, 그 아래 요괴가 현장을 납치하는 모습이 표현되어 있다. 오른쪽에는 손오공 등이 이를 따라가는 장면이 묘사되어 있다.

'지주정' 옆에 조각된 '홍해아'(紅孩兒)는 우마왕(牛魔王)과 나찰녀(羅刹女) 사이에서 태어난 요괴 홍해아를 조각한 것이다. 홍해아는 현장을 납치했는데 관음보살이 감로수로 물바다를 만들고, 36자루의 천강도(天罡刀)로 연화대좌를 만들어 홍해아를 사로잡았다. 머리에 두광(頭光)이 조각된 인물이 관음보살이며, 오른쪽의 큰 인물이 현장, 그 사이 연화대좌 위에 작게 표현된 것이 홍해아이다.

이렇게 흥미로운 조각이 많은 〈경천사지십층석탑〉과 〈원각사지십층석탑〉은 중국 원형(原形)이 있을 것으로 보고 많은 학자들이 연구하고 있으나 아직 중국에서 발견되지 않았다. 이 책으로 말미암아 두 탑의 존재나 내용이 많이 알려져 그 원형을 찾을 수 있다면 좋겠다.

自新，取下项上骷髅头项链，皈依佛门。石刻左侧雕有跪地沙僧、骷髅项链、玄奘、孙悟空、猪八戒、龙马等。

〈圆觉寺址十层石塔〉东南侧雕刻的“蜘蛛精”是玄奘被蜘蛛精抓走时的场景。具体在石刻的左上角刻有蜘蛛网，下方刻着妖怪抓走玄奘时的场面。石刻右侧刻绘的是孙悟空等人跟随其后。

“蜘蛛精”旁边雕刻的是牛魔王和罗刹女所生妖怪“红孩儿”。红孩儿抓走玄奘，观音菩萨用玉净瓶甘露化汪洋大海，借36把天罡刀化作莲花台，降服红孩儿。石刻图像中，头顶“大光相”的人物为观音菩萨，右侧人物为玄奘，两者中间莲花台上的就是红孩儿。

有很多学者认为刻有如此丰富有趣石雕的〈敬天寺址十层石塔〉和〈圆觉寺址十层石塔〉或有中国原形，并为此展开研究，但至今尚未在中国发现。笔者希望借此书的出版能够让两座塔的存在和相关内容更多地被读者了解并找到其原形。

首尔

임진왜란에 참전한 형개와 양호를 기리다 : 선무사와 〈양호거사비〉

称颂参与万历朝鲜战争的邢玠和杨镐
: 宣武祠与〈杨镐去思碑〉

임진왜란 이후 관우를 제사지내는 관왕묘 뿐만 아니라 중국인들을 위한 사당이 건립되어 국가에서 제사를 주관했다. 평양의 무열사(武烈祠)는 임진왜란에 참여한 명의 관리 및 장수 5명을 제사지내는 곳으로 석성(石星)·이여송(李如松)·이여백(李如栢)·장세작(張世爵)·양원(楊元) 등의 초상화가 봉안되어 있었다. 서울에는 선무사(宣武祠)가 있었으며, 현재는 그 흔적이 〈양호거사비〉(楊鎬去思碑)로 남아 있다.

선무사는 태평관 인근인 서울특별시 중구 서소문로 106(서소문동 58-7)에 있었으며, 명 병부상서(兵部尙書) 형개(邢玠, 1540~1612년)와 경리조선군무도찰원우첨도어사(經理朝鮮軍務都察院右僉都御史) 양호(楊鎬)를 위해 건립되었다.

万历朝鲜战争以后，除祭祀关羽的关王庙外，亦开始为中原人士修建祠堂，并由朝鲜王廷主管祭祀。平壤的武烈祠是祭祀参与万历朝鲜战争的五名明朝官吏和将帅之地，那里供奉着石星、李如松、李如柏、张世爵、杨元等人的肖像画。首尔曾建有宣武祠，如今仅剩〈杨镐去思碑〉彰显着往日痕迹。

宣武祠位于太平馆附近，相当于现今首尔特别市中区西小门路106(西小门洞58-7)，是为纪念明朝兵部尚书邢玠(1540～1612)和经理朝鲜军务都察院右佥都御史杨镐而建。

祠堂通常在人逝后修建，但出于对邢玠和杨镐的感谢，朝鲜在他们有生之年修建祠堂并称“生祠堂”。1598年建成的宣武祠最初只供奉了邢玠的牌位，1604年追加供奉杨镐牌位。1760年，还在宣武祠场院内另设殿阁，用于供奉明朝战殁将士的牌位。

〈선무사〉 편액, 국립진주박물관 | 〈宣武祠〉匾额, 国立晋州博物馆

사당(祠堂)은 죽은 뒤에 건립하는 것이 일반적이지만 형개와 양호에 대한 고마움이 큰 나머지 조선은 이들이 살아 있던 시기에 건립하여 '생사당'(生祠堂)이라고 했다. 1598년에 건립된 선무사는 처음에 형개의 위패만을 봉안하다가 1604년 양호를 추가로 배향(配享)했다. 1760년에는 선무사 마당에 별도의 전각을 마련해 명나라 전몰장병의 위판(位版)을 봉안하고 제향했다.

선무사 창건 당시 선조는 어필 '재조번방'(再造藩邦)이라는 현판을 걸게 했으며, 1746년 영조는 어필 '수은해동'(垂恩海東)이라는 현판을 걸게 했다. 선조의 '재조번방'은 가평군 조종암(朝宗巖) 각자(刻字)로 남아 있다.

조선인들이 형개와 양호를 위해 생사당을 건립하고 제사지낸 이유는 그들의 공적을 보면 알 수 있다. 명 신종(神宗)은 1597년 정유재란이 일어나자 병부상서 형개를 총독(總督), 우첨도어사(右僉都御史) 양호를 경리(經理)로 임명해 5만 명의 명군을 이끌게 했다.

양호는 특히 군무(軍務)를 주관했는데, 직산에서는 선봉에서 왜군을 물리치고, 남원성을 탈환한 뒤, 조령(鳥嶺)을 넘어 의성, 경주로 진격했다. 이후 울산성을 포위하고 1598년 종전(終戰)을 맞이했다.

정유재란에 공이 큰 양호는 그의 부하였던 군교(軍校) 정응태(丁應泰)의 무고로 파직되어 본국으로 송환되었다. 그러자 조선에서는 양호에게 무훈장군(武勳將軍)이라는 칭호를 주고, 그를 변호해 주었는데, 이에 명에서는 양호를 재등용해 요동도어사(遼東都御史)를 삼았다. 사실상 7년의 임진왜란이 종식되는 데 형개와 양

宣武祠修建当时，宣祖下令悬挂其御笔“再造藩邦”匾额。1746年，英祖下令悬挂题有“垂恩海东”的御笔匾额。宣祖的“再造藩邦”如今以加平郡朝宗巚石刻留存。

从邢玠和杨镐的功绩可见，当年朝鲜缘何为他们修建生祠堂并在逝后追思祭悼。1597年丁酉再乱发生后，明神宗随即任命兵部尚书邢玠为总督，右佥都御史杨镐经略援朝军务，率5万明军赴朝。

杨镐奉命经略援朝军务，在稷山先锋作战击退倭军，夺回南原城后，越过鸟岭向义城、庆州进击，而后包围蔚山城，并于1598年迎来终战。

丁酉再乱中功不可没的杨镐后受其属下军校丁应泰之诬告被罢黜官职，遣送回国。朝鲜旋即授杨镐武勋将军称号并为其辩解，明朝之后再次起用杨镐，委其任辽东都御史。

实际来看，邢玠和杨镐对于终结七年之久的万历朝鲜战争功劳卓著。其中，杨镐更是实际参与战斗并立下多次功劳，这也是纪念他的原因。

杨镐(?-1629)，河南商丘人，1580年入进士，历任县令和御史，1597年出兵朝鲜。在丁酉再乱中立功多数，但从蔚山败退时损失2万兵力其仍隐瞒败讯不报，谎报军工，后被罢职。1618年在抗击清军南下时惨败，因此罪于1629年被处决。

朝鲜为杨镐先后建造了四次去思碑。去思碑多指百姓为悼念前任监司或守令善政而立的碑石。杨镐去思碑可视为朝鲜表达对杨镐感谢之情的碑石。

〈형개 초상〉, 17세기

〈邢玠肖像〉, 17世纪

〈재조번방 각자〉, 선조 어필, 조선 후기, 경기도 가평군 조종암
〈再造藩邦刻字〉, 宣祖御筆, 朝鮮后期, 京畿道加平郡朝宗巖

호의 공이 매우 컸으며, 실제 전투에 참전하고 다수의 공을 세운 양호를 기릴 수밖에 없었던 것으로 보인다.

양호(?~1629년)는 하남(河南) 상구(商丘) 사람으로, 1580년 진사가 되어 현령과 어사를 역임하고 1597년 조선으로 출병했다. 정유재란에 여러 공을 세웠으나 울산에서 퇴각하다가 병사 2만을 잃고도 거짓으로 승리를 상주한 것이 발각되어 파직되기도 했다. 1618년에 청군의 남하에 맞서다 대패하고 그 죄로 1629년에 처형 당했다.

조선은 이러한 양호를 위해서 거사비(去思碑)를 총 4차례 건립했다. 거사비는 대개 전임 감사나 수령의 선정을 추모하여 백성들이 세운 비를 말하며, 양호에 대한 조선인의 고마움을 담은 비석이라고 할 수 있다.

〈양호거사비〉는 1598년, 1610년, 1764년, 1835년에 각각 세워졌다. 1598년에 건립한 〈양호거사비〉는 사현(沙峴, 무악재)에 있었으며, 1764년 선무사로 옮겨서 다시 건립한 것이다.

1610년에 건립한 〈양호거사비〉는 이정귀(李廷龜)가 글을 짓고, 김상용(金尙容)이 두전(頭篆)을 쓰고. 김현성(金玄成)이 비문을 썼다고 한다. 이정구가 지은 이 비문은 양호가 나중에 보고 "이것은 조선 이상서(李尙書)의 글이다."라고 하면서 크게 기뻐했다고 한다. 이 비석은 1835년에 불이 나서 훼손되었으며, 다시 건립하면서 음기(陰記)를 신재식(申在植)이 짓고 신위(申緯)가 썼으며, 현재 종로구 대신고등학교 교정에 세워져 있다.

1764년 선무사에 새롭게 건립한 〈양호거사비〉는 1598년에 건

杨镐去思碑分别立于1598年、1610年、1764年和1835年。1598年立成的〈杨镐去思碑〉曾位于沙岘(母岳斋)，1764年迁至宣武祠后重建。

1610年立成的〈杨镐去思碑〉由李廷龟撰文，金尚容书写头篆，金玄成书写碑文。据传，杨镐后来看到李廷龟撰写的碑文非常喜悦地称："此乃朝鲜李尚书所书。"该石碑1835年因失火被损毁，重立时由申在植撰写阴记，由申緯书写，目前该碑竖立于钟路区大新高等学校校园内。

宣武祠〈杨镐去思碑〉因1598年所立石碑年久失修而于1764年重建。宣武祠在日帝强占期曾被拆毁全部建筑，该碑石也于1970年代被搬迁至明知大学校园内(首尔特别市西大门区南加佐洞50-3号)。

〈杨镐去思碑〉雕刻有螭首，制作华丽，正面刻有大字碑文。石碑上方横刻"钦差经理朝鲜都御使杨公去思碑"，下方竖刻"楊公名鎬 號蒼嶼 河南人.庚辰進士 萬曆二十五年奉命經理朝鮮. 秋倭賊蹂躪 三道進逼京城 公自平壤單車赴難 督諸將擊却保全東國.冬又親冒矢石催破賊鋒 將圖再擧盡殲無何以流言回籍東民攀轅莫留墮淚立碑"字样。

在万历朝鲜战争这场前所未有的战乱中，明朝的帮助于朝鲜如同国家重建。也因此，王廷为其修建"生祠堂"，题写"再造藩邦"匾额并四次立碑。

립한 비석이 오래되어 다시 건립한 것이다. 이 비석은 일제강점기에 선무사 건물이 모두 철거되고, 1970년대 명지대학교 교정으로 이전되었다(서울특별시 서대문구 남가좌동 50-3번지).

〈양호거사비〉는 이수(螭首)를 조각해 화려하게 제작했으며, 앞면에만 큰 글씨로 비문이 새겨져 있다. 비석의 위쪽에는 가로로 '欽差經理 朝鮮都御使 楊公去思碑'(흠차 경리 조선도어사 양공거사비), 아래쪽에 세로로 '楊公名鎬 號蒼嶼 河南人. 庚辰進士 萬曆二十五年奉 命經理朝鮮. 秋倭賊蹂躪 三道進逼京城 公自平壤單車赴難 督諸將擊却保全東國. 冬又親冒矢石催破賊鋒 將圖再擧盡殲無何以流言回籍東民攀轅莫留墮淚立碑'〔양공은 이름이 호(鎬)이고 호는 창서(蒼嶼)인데 하남인(河南人)이다. 경진년에 진사가 되고, 만력 25년에 황제의 명을 받들어 조선을 경리했다. 가을에 왜적이 삼도를 유린하고 경성으로 밀려오자, 공이 평양에서 단거를 몰고 난리를 구하러 와서 여러 장수를 격려하여 왜적을 물리쳐서 조선을 보전케 하였다. 겨울에 또 다시 몸소 출전하여 왜적의 사기를 꺾었고, 장차 다시 출정하여 적을 섬멸하려고 계획했다. 얼마 있다가 유언비어 때문에 본적으로 되돌려졌다. 조선 백성들은 공이 조선에서 떠남을 막으려 했으나 머무르게 할 길이 없으므로 눈물을 흘리며 이 비를 세운다.〕의 글이 새겨져 있다.

임진왜란이라는 미증유의 전란에서 명의 도움은 나라를 다시 만드는 것과 같은 것이었다. 그래서 국왕이 생사당을 건립하고, '재조번방'이라는 현판을 써서 걸고, 4번이나 비석을 건립했던 것이다.

〈양호거사비〉, 1598년 건립, 1764년 재건, 서울 서대문구 명지대학교

〈杨镐去思碑〉, 1598年修立, 1764年重建, 首尔西大门区明知大学校

首尔

천재 조각가 최천약과 동인

天才雕刻家崔天若和铜人

18세기 조선에서 최천약(崔天若, 1684~1755년)은 손으로 만드는 것은 무엇이든 잘하는 사람, 최고의 조각가로 꼽혔던 사람이다. 그래서 그는 '조각의 묘수(妙手)', '최천약은 창조를 잘한다'(天若善創)는 등 대단한 찬사를 받았다. 조선 후기 문예 군주인 정조는 자신도 최천약과 같은 인재를 발굴하고자 많은 사람들을 선발하고 교육하는 데 열정을 쏟을 정도였다. 이 최천약이 중국을 몇 차례 다녀오고, 동인(銅人)이라는 작품들 만들었다.

최천약은 종친인 서평군(西平君) 이요(李橈, 1681~1756년)에게 발탁되어 1711년 일본통신사 일행으로 일본에 다녀왔다. 통신사행에 반전차지(盤纏次知)라는 예산 담당으로 참여한 것으로 보아 허용된 범위 안에서 돈을 쓰면서 일본의 기술을 배워 왔던 것으로 보

18世纪朝鲜有一位名为崔天若(최천약, 1684~1755)的人物，因为其无论做什么，只要是用手工制作，全都惟妙惟肖，所以他可谓是当时首屈一指的雕刻家。也正由于这个原因，他也是被高度评价为“雕刻妙手”、“天若善创”的人物。甚至朝鲜后期号称“文艺君主”的正祖还曾为了挖掘和培育出和崔天若一样的人才而颇费苦心。这位崔天若就曾多次访问中国，制造了名为“铜人”的作品。

1711年，崔天若在其宗亲西平君李橈(이요，1681~1756)的赏识和推荐下，作为日本通信使团的成员访问了日本。从他当时担任的“盘缠次知”这个负责预算的职位来看，应该是负责在有限的预算内，向日本学习先进技术的工作的。或许朝鲜王室认为崔天若在日本学了很多东西，所以1730年又派他去了中国。

1730年伴随着王室的认可而来的，就是同样重大的期待。所以西平君和尹游极力向英祖推荐崔天若，评价他一定可以学习到清朝的人文技术，利用厚生，为朝鲜所用。于是英祖便命令崔天若去学习砖、煤、青瓦等的制造技术。返回朝鲜时，崔天若只学习了烧制青瓦的方法。因为砖在当时朝鲜也可以烧制；而煤炭不是制造出来的无从学起。但是即便如此，崔天若还是百般求索，甚至拜访了北京的观象监，花了200两活动费。

从1730年冬天到1731年春天，崔天若在中国访问期间，从中国引进了多种技术。其中一种就是裳石。这是一种在王陵的屏风石上铺的一块宽大的板石，起到防止雨水流过的作用。但在1731年，在从中国返回朝鲜的崔天若在设计仁祖长陵的屏风石的墓前

인다. 조선 왕실은 최천약이 일본에서 보고 배운 것이 많다고 생각했는지 1730년에는 그를 중국으로 보냈다.

당시 왕실은 최천약의 능력을 인정해 그에게 기대하는 바가 컸다. 서평군과 윤유(尹游)는 최천약이라면 청의 문물을 배워 이용후생(利用厚生)에 도움이 될 것이라고 추천했으며, 영조는 최천약에게 벽돌, 석탄, 청기와 등의 제조 방법을 배워 오라는 명을 내렸는데, 최천약은 이 중에서 청기와 굽는 법을 배워 왔다. 벽돌은 조선에서도 구울 수 있었으며, 석탄은 만드는 것이 아니기 때문에 배워 올 수 있는 일이 아니었다. 최천약은 그래도 백방으로 기술을 찾으러 다녔고, 북경의 관상감(觀象監)을 방문하면서까지 활동비로 은 200냥을 사용했다고 한다.

최천약이 1730년 겨울부터 1731년 봄까지 중국에 체류하면서 몇 가지 도입해 온 것이 있다. 첫 번째는 왕릉의 병풍석(屛風石)에 빗물이 스며들지 않도록 넓은 판석을 까는데 이것을 상석(裳石)이라고 했다. 그런데 중국에 다녀온 뒤인 1731년 최천약은 인조 장릉(長陵) 병풍석의 상석을 설계하면서 와첨상석(瓦簷裳石)이라는 기와지붕 형태로 바꾸게 된다. 중국 명청 시대 묘소 봉분에는 조선 왕릉의 병풍석과 유사한 호석(護石)이 있는데, 이 호석이 와첨상석과 동일한 형태이다. 아마도 최천약은 중국에서 활동 중에 이와 같은 모티브를 차용했던 것으로 보인다.

최천약은 중국을 다녀온 뒤 10년이 지난 1741년에 침구(鍼灸) 연습용 동인을 제작했다. 이 동인은 우리나라 최초로 제작된 작품으로 현재 국립고궁박물관에 소장되어 있다. 동인이란 인체의 경

사도세자 현륭원 병풍석, 1789년, 경기도 화성시
思悼世子显隆院屏风石, 1789年, 京畿道华城市

전씨(田氏) 묘의 호석, 17세기, 북경시 전의묘(田義墓)
田氏墓的护石, 17世纪, 北京市田义墓

락수혈(經絡腧穴)을 입체적으로 나타낸 모형으로, 남송 주밀(周密)의 『제동야어』(齊東野語)에는 "잘 제련된 동으로 만들고 장부(臟腑)가 모두 갖추어져 있다. 겉의 수혈은 금을 섞은 글씨로 그 옆에 혈명을 적었고, 등 쪽을 닫으면 마치 사람의 전심과 같아진다. 옛날에는 이를 이용하여 의사 시험을 치렀다. 그 방법은 동인 바깥면에 황랍(黃蠟)을 바르고 속에는 수은을 채운 후 의생에게 길이를 측정하여 혈에 따라 침을 놓게 하여 혈이 정확하면 침이 들어가 수은이 흘러나오고, 조금이라도 틀리면 침이 들어가지 않는 기묘한 기구이다"(以精銅爲之, 臟腑無一不具. 其外腧穴則錯金書穴名于旁, 凡背面二器相合, 則混然全身. 蓋舊都用之以試醫者. 其法外塗黃蠟, 中實以汞, 俾醫工以分析寸, 按穴試鍼, 中穴則鍼入而汞出, 稍差則鍼不可入矣, 亦奇巧之器也)라고 했다.

중국에서는 북송 인종(仁宗) 천성(天聖) 연간(1023~1032년)에 의관 왕유일(王惟一, 987~1067년)이 최초로 2구의 동인을 제작했다. 왕유일은 인종의 칙명으로 『동인수혈침구도경』(銅人腧穴鍼灸圖經) 3권[1026년, 이후 『동인경』(銅人經)으로 약칭]을 편찬하고, 다시 인종의 명으로 동인과 석각(石刻)을 제작했다. 이 동인은 높이가 약 173센티미터이며, 365개의 혈(穴)이 표시되어 있었다. 동인 몸의 높이와 모습은 청년 남자와 닮았으며, 손바닥은 전면을 향했다고 하며, 이 동인을 '천성동인'이라고 한다.

이 천성동인은 1구만이 명대까지 전해지는데 영종 정통(正統) 8년(1443년)에 옛 동인과 석각을 그대로 다시 만들고 옛 것은 모두 폐기했다. 이때 제작한 동인을 '정통동인'이라고 하는데 이후 청

石桌时，将其改成了名为“瓦簷裳石”的瓦片式房顶。中国明清时代墓地的坟丘上曾用过与朝鲜王陵屏风石相类似的护石，这种护石就与瓦簷裳石形态相符。或许这正是崔天若在中国访问期间获得的灵感。

1741年，也就是崔天若访问中国之后的第十年，他制作出了用于练习针灸的铜人。这座铜人是韩国最早的作品，现存于国立故宫博物馆。所谓铜人，就是立体标记了人体经络腧穴的模型，南宋周密的《齐东野语》中有云：“以精铜为之，脏腑无一不具。其外腧穴则错金书穴名于旁，凡背面二器相合，则混然全身。盖旧都用之以试医者.其法外涂黄蜡，中实以汞，俾医工以分析寸，按穴试针，中穴则针入而汞出，稍差则针不可入矣，亦奇巧之器也。”

最初的两座铜人是由北宋仁宗天圣年间(1023-1032)的医官王惟一(왕유일，987-1067)所制造。王惟一奉仁宗之命，撰成《铜人腧穴针灸图经》3卷(1026年，后被简称为《铜人经》)，后又奉旨制造了铜人和石刻。这座铜人高约173厘米，标记有365个穴位。高度和外貌与成年男子一般，手掌摊开向前，被称为“天圣铜人”。

“天圣铜人”只有一座流传到明代。英宗正统八年(1443年)重新铸造，北宋铜人原件遂被遗弃而下落不明。这座铜人被称为“正统铜人”，流传到清代，消失于义和团起义(1898~1901)期间。因此德宗光绪30年(1904年)制造出了“光绪铜人”，于1958年开始由中国历史博物馆保存。综上所述，中国共制造了三个国家主持的铜人，即“天圣铜人”、“正统铜人”和“光绪铜人”。

으로 전래되었고, 의화단사변(1898~1901년) 때 사라졌다. 그래서 덕종(德宗) 광서(光緖) 30년(1904년)에 다시 제작하여 '광서동인'이라고 부르며, 이 동인은 1958년 중국역사박물관으로 옮겨졌다. 이렇게 중국에서는 천성동인(1026년), 정통동인(1443년), 광서동인(1904년) 등 3차례 국가에서 동인을 제작했다.

조선시대에는 『동인경』이 의과 초시(初試)의 한 과목이었을 만큼 중요했다. 그래서 태종은 명 영락제에게 동인도(銅人圖)를 구해서 조선에 반포했다. 동인의 필요성은 여러 번 제기되었으나, 동으로 동인을 만드는 것은 쉽지 않았던 듯 동인을 만들었다는 기록은 1741년이 유일하다.

동인을 만들게 된 계기를 살펴보면, 1730년 영조가 약방제조(藥房提調) 윤순(尹淳)에게 의녀의 수련과 관련해 약원(藥院)에 동인이나 목인(木人)이 있는지 묻고, 이에 윤순은 목인은 있지만 동인은 없다고 하며, 최천약 같은 재주 좋은 이가 있어도 쉽게 만들지 못한다고 했다. 공교롭게도 1730년 겨울 최천약이 중국에 가게 되는데 이때 최천약은 중국의 동인을 조사했던 것으로 보인다.

이로부터 10년이 지난 1741년 약방도제조(藥房都提調) 김재로(金在魯)가 과거 동인을 만들기 위해 먼저 목인을 만들고, 장차 그것을 견본으로 동인을 만들려 했지만 이루지 못했으며, 최천약이 재주가 좋으니 침의청(針醫廳) 수의(首醫) 오지철(吳志喆)과 상의해 만들게 했다.

국립고궁박물관 소장 동인은 86센티미터의 입상(立像)으로 양 손바닥이 앞으로 보이게 만들었으며, 머리·몸·양팔을 각기 주

在朝鲜时代，《铜人经》是医科初试的科目之一，重要程度可见一斑。因此太宗向明朝的永乐帝要来了铜人图，颁布于朝鲜。铜人的重要性已经被多次提及，就像用铜制造铜人不那么容易一样，制造铜人的记录也只有1741年这唯一一次。

说起制造铜人的契机，正是由于1730年英祖向药房提调尹淳问起与医女相关的事宜时，曾问到医院是否有铜人或木人。对此尹淳回答虽然有木人，但是没有铜人，就算是崔天若这种能人巧匠在这里，也不是那么容易做出来的。巧合的是，1730年冬天崔天若正在中国调查铜人的制作方法。

转眼十年过去了，时任药房都提调金在鲁还记得自己曾为了制造铜人，先做出了木人，再以此为模板制造铜人，却一直未能如愿的遗憾。于是他便与针医厅的首席医生吴志喆商量，邀请工艺非凡的崔天若来制作。

国立故宫博物馆收藏的铜人高86厘米，呈站立姿势，双手向前张开，头、身体、双臂均由铸造相连，各部分分前后铸造融合。两臂在肩膀下方，可能曾经是用钉子固定的。最近对这个动因进行了保存处理，把两只胳膊固定住了。

国立故宫博物馆收藏的铜人的人体细节表现比较真实。突出表现锁骨、胸骨，膝盖，脚踝和趾骨。背面是肩胛骨和脊椎，胸骨也表现得很清楚。

这座铜人为了能够准确地知道经穴的位置，非常准确地表达了前面提到的骨头等穴位的位置所必需的要素。血液的基准点不仅是骨头，还有可能是身体隆起的地方或凹陷的地方。因此，它

광서동인, 1905년, 북경의약대학 중의약박물관

光绪铜人, 1905年, 北京中医药大学中医药博物馆

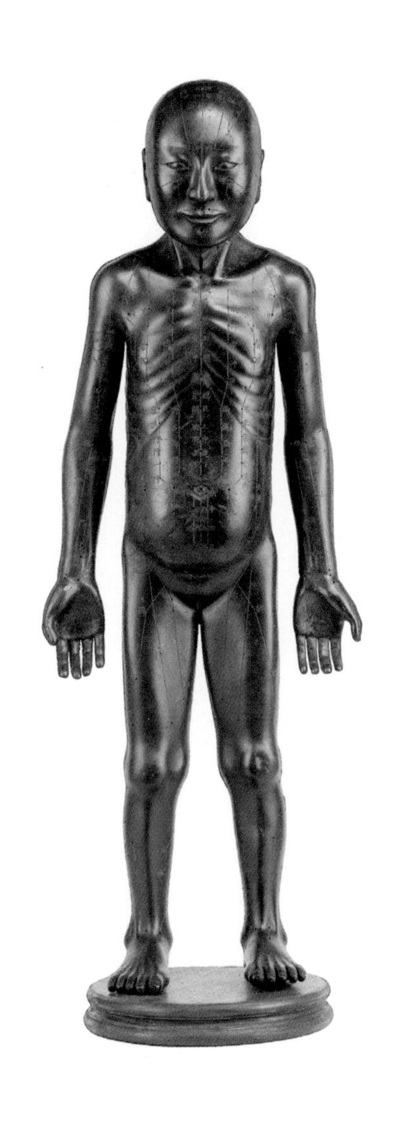

동인, 1741년, 최천약 제작, 국립고궁박물관

铜人, 1741年, 崔天若制造, 国立故宫博物馆

물해 조립했는데 각 부분은 앞뒤로 나누어 주물하고 용접했다. 양팔은 어깨 아래쪽에 끼우게 되어 있으며, 못으로 고정했던 것으로 보인다. 최근에 이 동인을 보존처리 해서 양 팔을 고정시켜 놓았다.

국립고궁박물관이 소장하고 있는 동인은 인체의 세부 표현이 비교적 사실적이다. 쇄골과 흉골이 두드러지게 표현되어 있으며, 무릎, 복사뼈, 발가락뼈도 표현되었다. 뒷면은 견갑골과 척추, 흉골이 표현되어 있다.

이 동인은 그 목적상 정확한 경혈(經穴)의 위치를 알 수 있도록 앞서 언급한 뼈 등 혈의 위치를 잡는 데 필수적인 요소들을 매우 정확하게 표현하고 있다. 혈의 기준점은 뼈뿐만이 아니라 신체에서 융기된 곳이나 움푹 파인 곳 등이 된다. 그래서 사지의 각 부분의 근육을 정확하게 표현한 것이다.

한국 최초의 동인이 현재까지 남아 있는 것도 다행이지만, 그 제작자가 18세기 최고의 조각가 최천약이며, 최천약이 여러 차례 중국을 방문해 다양한 기술을 익히고 조선에 적용하려 했음을 알 수 있다.

还准确地表现了四肢各部分的肌肉。

值得庆幸的是，韩国最初制造的铜人被保存至今。但通过这个作品，我们还能了解到，制作它的人是18世纪最优秀的雕刻家崔天若，而崔天若曾多次访问中国，学习各种技术，并将其应用到朝鲜。

한중연(缘)사 IV

서울에서 만나는 한중연

在首尔遇见中韩缘

1판 1쇄 2023년 12월 12일

지은이 김민규, 취환

기획 (사)한중문화우호협회

사진 김민규

교열 및 감수 홍신(洪欣), 박종영, 가오샤오팅(高晓婷), 지웨이(纪伟), 김용재, 김영서, 조진(赵珂), 쉬페이(徐菲), 제갈현, 권재구, 김기호

번역문 책임 감수 가오샤오팅(高晓婷)

펴낸이 박상훈

펴낸곳 폴리테이아

등록 2004년 3월 27일 제2009-000213호

주소 서울특별시 마포구 신촌로14안길 17, 2층

전화 02-722-9960

값 25,000원

ISBN 978-89-92792-52-3 04910
978-89-92792-51-6 (세트)

도판협조

국립중앙박물관, 간송미술관, 국립고궁박물관, 중국민족도서관, 대만 고궁박물원, 수원화성박물관, 중국 신장위구르자치구박물관, 박흥현박물관, 국립진주박물관, 북경의약대학 중의약 박물관